CURIOSITÉS MUSICALES.

A MONSIEUR AMBROISE THOMAS
MEMBRE DE L'INSTITUT
DIRECTEUR DU CONSERVATOIRE DE MUSIQUE.

CURIOSITÉS MUSICALES

NOTES, ANALYSES

INTERPRÉTATION
DE CERTAINES PARTICULARITÉS CONTENUES DANS LES ŒUVRES
DES GRANDS MAÎTRES

PAR

E.-M.-E. DELDEVEZ
Chef d'orchestre de la Société des concerts.

PARIS
LIBRAIRIE DE FIRMIN DIDOT FRÈRES, FILS ET Cie,
56, RUE JACOB, 56.

1873

Paris. — Typographie de Firmin Didot frères, fils et Cie, rue Jacob, 56.

Ignorons-nous combien l'habitude des plus mauvaises choses peut fasciner nos sens en leur faveur, et combien le raisonnement et la réflexion sont nécessaires pour rectifier dans tous les beaux-arts l'approbation mal entendue.

J.-J. Rousseau.

AVANT-PROPOS.

Ce n'est pas sans faire naître autour de soi l'étonnement, sans éveiller des susceptibilités de toute nature, qu'un chef d'orchestre s'attribue le droit de discussion, touchant l'interprétation de certaines particularités que l'on rencontre dans les œuvres des grands maîtres. Ces sortes d'exceptions, ou infractions aux règles de la théorie, ont reçu de la critique le nom déjà célèbre de « chimère (1) ».

« On entend, » dit M. Oulibicheff (2), « par chimère : bizarreries systématiques, énigmes, démence du génie ou bien sublimités incomprises et troisième manière, etc. »

(1) « Nom que M. de Lenz a si heureusement trouvé. » OULIBICHEFF.

(2) Dans son ouvrage intitulé : *Beethoven, ses critiques et ses glossateurs.*

Le *batteur de mesure* doit avoir, sans contredit, le sentiment inné de la direction de l'orchestre, la science du compositeur, l'expérience de l'instrumentiste; il doit, en outre, apporter aux études tous ses soins, toute l'attention nécessaire, afin d'obtenir la perfection d'exécution : telle est, en effet, sa mission. Mais, s'il ne suit pas la route tracée par ses prédécesseurs, s'il pénètre plus avant dans la pensée des auteurs, s'il observe minutieusement des intentions jusque-là négligées ou ignorées, en un mot, s'il change les habitudes contractées, oh ! alors, on dit qu'il cherche la petite bête.

Chercher la petite bête, en fait d'exécution, est un grief que la routine saura toujours alléguer contre toute nouveauté ou tout progrès.

L'erreur consacrée par l'habitude a trop d'empire pour ne point subsister quand même! A quoi bon s'efforcer de la détruire? Ce serait vouloir la combattre sans certitude de succès. Ne peut-on, au contraire, la tolérer en vue de la facilité d'exécution qu'elle assure? Elle est d'un tel secours, comme moyen expéditif! Il faudrait, d'ailleurs, apprendre le *vrai* quand on sait le *faux*. Quelle en est l'utilité?

Et d'abord, comment parvenir d'une manière certaine à distinguer le *vrai* du *faux*, au milieu d'un concours d'opinions si divergentes, qui, plus que jamais, à notre époque, se manifestent de toutes parts?

Sous le titre de *Curiosités musicales*, nous avons exposé en forme de notes, d'analyses, notre interprétation mûrement réfléchie et raisonnée des particularités les plus saillantes qu'offrent les chefs-d'œuvre symphoniques des grands maîtres. C'est un essai d'études, à un point de vue spécial et d'un genre nouveau, qui nous permettra de répondre aux questions que nous venons de soulever.

Nous procédons, dans ce travail, œuvre par œuvre, traitant séparément et sans distinction de genre ni de caractère, les différents points susceptibles de controverse.

Mais, pour aborder un sujet aussi complexe, il eût fallu, à l'expérience de l'artiste, joindre celle de l'écrivain : l'intérêt pouvait ainsi présenter un certain charme. Aussi est-il « téméraire » à nous d'oser entreprendre une pareille tâche; mais nos faibles moyens trouveront une excuse, nous l'espérons du moins, si l'on veut bien ne voir en nous qu'un chercheur passionné du *vrai*, jusque dans les plus intimes pensées des auteurs.

HAYDN.

HAYDN.

Haydn. **21e Symphonie** (1). (*La Reine de France.*)

PARTITIONS.

Éditions : Le Duc, Choron, Richault (Paris), Bote et Bock (Berlin).
Copie : Collection de la bibliothèque du Conservatoire (Paris).

PARTIES D'ORCHESTRE.

Éditions : Sieber, Imbault (Paris), Simrock (Bonn).

Dans les éditions anciennes (2), l'*adagio* de l'introduction de la symphonie *La Reine* est indiqué par un *c* barré ₵, le mouvement suivant par un *vivace cantabile;* dans les éditions nouvelles (3), l'*adagio* est marqué par un *c* non barré C, et le mouvement qui suit par un simple *vivace.*

(1) Numéro d'ordre de l'édition Sieber.
(2) Le Duc (partition), Imbault, Simrock (parties séparées).
(3) Richault. — Bote et Bock (partitions).

Le thème principal du premier morceau est présenté sous deux physionomies différentes.

Les éditions françaises (partitions et parties d'orchestre) donnent le motif avec des liaisons aux parties chantantes, ce qui produit un contraste frappant entre la mélodie et l'accompagnement qui détache les temps de chaque mesure. Cette opposition de caractère, observée rigoureusement, pendant tout le morceau, dans chacune des parties où le dessin mélodique est reproduit, paraît avoir été l'intention formelle de l'auteur.

La phrase chante, et l'on conçoit parfaitement la signification du *cantabile* uni au mouvement principal.

Cependant, on trouve dans les parties d'orchestre publiées par Simrock le motif surmonté de points à l'extrémité de chaque période (aux deux dernières notes), de telle sorte qu'il se confond avec le détaché des basses.

La phrase ne chante plus; mais le *cantabile*, qui, dans la précédente indication, caractérise le mouvement est alors supprimé. Rien n'est plus logique.

Ce texte faussé, comparativement à celui des partitions, a

néanmoins prévalu. Il a même été adopté depuis quelques années par la Société des concerts.

Au reste, le caractère du *cantabile* a, paraît-il, été méconnu dès l'origine. Il existe un arrangement de la symphonie *La Reine* pour le *piano forte* avec accompagnement de violon, flûte et basse, *ad libitum*, par Lachnith, et publié par Sieber père, qui peut donner une idée de l'opposition que l'on a, même à cette époque, manifestée pour le *legato* du motif. Ce travestissement est des plus curieux. C'est une exigence d'instrument qui l'emporte sur l'intention du maître. L'épinette a détrôné l'orchestre. Voici cette transformation :

On ne pouvait, certes, aller plus loin !

Les partitions publiées en Allemagne sont, il faut le reconnaître, mieux gravées que celles qui ont été éditées à Paris ; mais nous devons dire aussi qu'elles ont été *revues* et considérablement *augmentées*. Celle de *La Reine*, par parenthèse, éditée par Bote et Bock, n'est rien moins qu'une énormité en fait d'exagération : c'est un amas de signes indicatifs inconnus du temps d'Haydn, de nuances modernes dont l'une, entre autres, employée avec profusion dans la *romance*, peut être justement comparée à celle de l'accordéon < >. On ne compte pas moins de 78 nuances ajoutées, sans parler des redites.

La partition de l'édition Richault est plus modeste sous ce rapport ; le nombre des nuances ajoutées ne s'élève qu'à 58.

La *romance* est enjolivée (édition Bote et Bock) d'une foule de détails enveloppant confusément *thème*, *variations*, *solo*, *tutti*. Le dessin de l'accompagnement de second violon, ainsi que celui de violoncelle, à la seconde reprise du motif, est interrompu (édition Richault), à la dernière mesure, probablement à cause des deux unissons et des deux octaves qu'il produit.

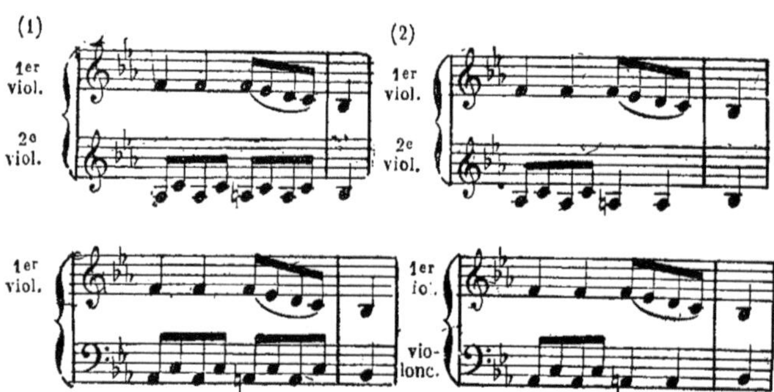

Cependant ce passage est analogue à celui des seconds violons de la deuxième reprise de la variation suivante, où nulle interruption ne détruit le rhythme continu de la partie d'accompagnement.

La variation de flûte est écrite, tantôt avec des notes d'agrément, tantôt avec de fausses abréviations dont les signes différents entre eux présentent l'idée du compositeur sous divers aspects, mais sans reproduire exactement sa pensée.

(1) Partition (Le Duc), parties d'orchestre (Imbault).

(2) Partition (Richault), parties d'orchestre (Simrock).

Enfin, ce serait à n'en pas finir, si l'on voulait relever toutes les erreurs, toutes les fautes qui fourmillent dans ces éditions... de luxe, de grand luxe même, mais aussi de grande irrégularité (1).

En présence de tant d'inexactitndes qu'on ne saurait supporter plus longtemps, comment est-il possible d'obtenir une rectification certaine? Par l'analyse! Nous l'avons dit. C'est le moyen que nous emploierons pour cette étude.

Le *c* doit-il, oui ou non, être barré ; en d'autres termes, l'*adagio* de l'introduction est-il un deux temps ou un quatre temps? Telle est la première question.

(1) Et ce sont ces éditions qu'un jury a déclarées hors ligne à l'exposition internationale de 1867, au point de vue de *la beauté* et de *la correction* (voir *la Musique, les Musiciens*, par Oscar Comettant)!

Le mouvement *adagio* a été, comme on sait, appliqué par Haydn, aussi bien à la mesure à deux qu'à la mesure à quatre temps. Le caractère distinctif de la mesure est déterminé par le nombre des temps forts et des temps faibles qu'elle contient. Ainsi le *c* non barré, dont chaque temps peut se subdiviser, est une mesure à quatre temps larges ; mais lorsque les deuxième et quatrième temps sont une division naturelle des premier et troisième, la mesure est alors à deux temps, c'est-à-dire *c* barré ₵. Pour distinguer une mesure à quatre temps d'une mesure à deux, il suffit de reconnaître s'il y a quatre ou deux temps seulement susceptibles de division.

Or ici le doute n'est pas permis : l'*adagio* est bien un deux temps, un *c* barré ₵, car la subdivision des premier et troisième temps est indiquée d'une manière évidente; les quatre temps ne sauraient se subdiviser.

(1)

Le mouvement est donc différent selon le mode d'interprétation auquel on obéit (2).

Celui de *vivace cantabile*, indiqué plus loin dans les éditions anciennes, nous paraît être l'expression vraie du texte original. Néanmoins, nous ferons remarquer une lacune de nature à confirmer notre opinion.

(1) L'*adagio* de l'introduction de la symphonie en *mi* bémol de Mozart, est dans les mêmes conditions.

(2) Ce que nous disons pour l'*adagio* peut s'appliquer à l'*allegro*. On trouve particulièrement dans les sonates pour le piano de Haydn, le mouvement *allegro* souvent conçu dans une mesure large, c'est-à-dire dont les quatre temps sont subdivisés. Dans ce cas, le mouvement est naturellement modéré.

On est surpris tout d'abord de trouver, joints l'un à l'autre, les termes opposés de *vivace* et de *cantabile*. Mais en se rendant compte de leur destination précise, on reconnaît 1° que *vivace* est la qualification du mouvement généralement affecté à un premier morceau de symphonie (lequel a été omis par l'auteur, mais bien certainement sous-entendu) : celui d'*allegro*, — c'est donc par conséquent un *allegro vivace;* 2° que le *cantabile* est la qualification du sentiment affecté au mouvement, c'est-à-dire : *allegro vivace cantabile;* de sorte que le *vivace*, ainsi placé, donne plus de vivacité à l'*allegro* sous-entendu, bien que son effet soit cependant atténué par le *cantabile.* Quant à le concevoir comme le mouvement réel du morceau, le *vivace* seul est inadmissible.

Dans la vitesse, on peut poser en principe que le mouvement vrai s'établit suivant la quantité de notes (eu égard à leur valeur respective) contenues dans certaines mesures caractéristiques. En faisant cette épreuve, on pourra se convaincre que le premier morceau de cette symphonie a pour caractère distinctif celui de l'*allegro* et non celui du *vivace* (1).

L'interruption des croches battues par les seconds violons et les violoncelles dans la *romance,* ne s'explique pas autrement que par la disparition des unissons et des octaves. C'est une leçon donnée au maître!

Quant à la variation de flûte, la version gravée dans les parties d'orchestre (éditions Sieber, Imbault, Simrock) nous semble réaliser en tous points l'idée de l'auteur. En effet, après avoir exprimé un simple *gruppetto*, dans les deux premières

(1) Sans l'application de ce principe, le *presto* à 2/4 qui termine le *finale* de la symphonie héroïque de Beethoven serait pris pour le mouvement réel, et non comme un *allegro presto.*

mesures de la seconde reprise, il est à présumer qu'Haydn a conçu alors et déterminé une forme plus rapide, pour les répétitions qui se succèdent, par l'emploi si judicieux du *trille* qui enjolive ce passage d'arabesques aussi gracieuses que délicates.

Dans notre collection complète des parties d'orchestre des symphonies de Haydn, se trouve la 21e, *La Reine*, corrigée avec le plus grand soin, c'est-à-dire contenant toutes les rectifications que nous venons de mentionner : les erreurs redressées, les nuances premières remises à leur place, les liaisons traditionnelles observées, les mouvements vrais rétablis, etc., travail que nous avons réalisé en comparant et en collationnant les éditions nouvelles avec les éditions anciennes.

Les symphonies dont nous avons revu les parties d'orchestre ainsi que les partitions gravées, et qui sont l'objet de cette étude, nous espérons les publier un jour comme complément de notre travail.

Haydn. **41e Symphonie.** (*Ut mineur.*)

PARTITIONS.

ÉDITIONS : Le Duc, Choron (Paris), Breitkopf et Härtel (Leipzig), Bote et Bock (Berlin).

COPIE : Collection de la bibliothèque du Conservatoire (Paris).

PARTIES D'ORCHESTRE.

ÉDITIONS : Forster (Londres), Sieber, Imbault (Paris).

Nous avons fait le même travail pour la symphonie en ut mineur, la 41e.

Il ressort de cette étude que, dans la partition Breitkopf et

Härtel, le nombre des nuances ajoutées (sans compter les redites), comparativement à celles énoncées dans les éditions Sieber et Imbault, s'élève au chiffre 52 ; que, la plupart du temps, les liaisons n'étant point à leur place, il en résulte une altération sensible dans le mode d'interprétation de certaines intentions du maître. Et pour ne citer qu'un exemple, entre mille, nous choisirons le début de l'*allegro*.

Il est utile, avant tout, de faire remarquer que les *staccati*, les *legati* créaient anciennement des moyens d'opposition d'exécution que l'on observait scrupuleusement. En conséquence, ce qui avait été dit *staccato* était naturellement reproduit *legato* et *vice versa*. Ainsi, partant de cette remarque, nous voyons le thème principal du premier morceau exposé selon son caractère et sa nature, c'est-à-dire *forte* et *staccato*, ce qui le distingue du *cantabile* qui suit.

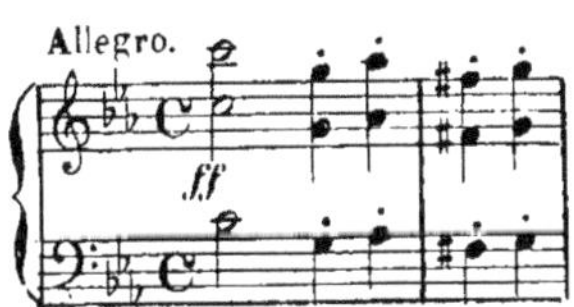

Mais, lorsque le motif reparaît, dix-huit mesures plus loin, en imitations progressives, caractérisées par une attaque accentuée pour chacune des entrées, sur une pédale *furiosa* en triolets martelés, c'est alors que le motif change d'aspect, et que les noires sont liées de deux en deux, de manière à déterminer un contraste des plus sensibles avec le détaché des basses.

Mais cette physionomie nouvelle n'a point été admise dans l'édition de Bote et Bock où ce passage est, comme au début, accompagné de points.

Cette opposition de caractère se rencontre encore dans la seconde reprise de l'*allegro*. Ici l'opposition s'établit entre le rhythme et le chant.

Eh bien ! pour conserver la régularité du rhythme, on a surmonté de points les deux premières notes du hautbois, supposant, à tort, que celui-ci était en imitation avec les basses.

On n'a pas compris que la liaison des quatre croches qui suivent, en forme de variante, est la conséquence naturelle de la liaison des deux noires : celles-ci sont, en effet, l'exposé simple du chant varié. C'est, par conséquent, d'un côté le rhythme, de l'autre l'expression.

La partition éditée par Bote et Bock est plus exacte ; elle se rapproche, en grande partie, de celle de Le Duc, à part les 26 nuances qu'on y trouve en plus. Elle rachète, au moins, un peu celle de *La Reine*. En revanche, les liaisons et les accents n'y sont point ménagés. Cette interprétation est par trop soulignée. Inutile de dire que toutes les rectifications signalées ici ont été faites à cette symphonie dans notre collection.

Il est un fait certain : c'est que la recherche minutieuse de l'unité dans l'expression des signes, en général, et qui consiste à rapporter à une seule et même forme primitivement énoncée les idées de même nature, enlève à ces idées le charme d'une physionomie nouvelle que l'auteur leur a parfois donnée. Les exemples ci-dessus mentionnés en sont la preuve.

Haydn. **19e Symphonie.** (*Concertante.*)

PARTITION.

Copie : Collection de la bibliothèque du Conservatoire (Paris).

PARTIES D'ORCHESTRE.

Édition : Forster (Londres).

Cette symphonie se distingue surtout par la composition de l'orchestre. C'est la seule où Haydn « jeune alors, comme on peut le présumer d'après le style des fragments suivants », a employé quatre cors.

La partie principale de cor solo, destinée sans doute à quelque virtuose possédant, à cette époque, un instrument exceptionnel (un cor de petite dimension portant une embouchure étroite, une sorte de cornet (1), en un mot), est par

(1) On lit dans *la Liberté* du 30 décembre 1871 :

« On vient de faire à Heidelberg une importante découverte : la trompette dont se servaient les anciens compositeurs, tels que Bach et Hændel, est retrouvée.

« C'est un artiste de la chapelle royale de Prusse qui a fait cette découverte.

« Cet instrument est un tube droit de quatre pieds de long. Il est en *si bémol*, et peut, au moyen d'une coulisse, monter jusqu'au ton de *ré*.

« Dans une réunion qui a eu lieu à Berlin, Kosleck l'a fait entendre. L'as-

conséquent injouable sur le cor ordinaire. Elle semble avoir été écrite pour favoriser les « anciens joueurs de cors » dont parle Dauprat dans sa méthode (1), et qui faisaient alors « abus de notes élevées ». Le passage suivant, tiré de la troisième symphonie, s'il est authentique, en est une preuve irrécusable. Il peut, avec raison, « être considéré comme une folie des premiers cors du temps ».

Adagio de la symphonie (n° 3) en si bémol.

Le changement désigné ci-après comme ayant été « fait par les modernes », n'est pas, comme on va le voir, semblable à la version adoptée dans la partition (édition Le Duc) et dans les parties d'orchestre (édition Sieber).

Changement fait par les modernes.

Changement adopté dans la partition et dans les parties d'orchestre.

Serait-ce trop s'avancer que d'attribuer le premier change-

semblée a été émerveillée de l'émission facile et agréable des sons qui dépassaient d'une octave, à l'aigu, ceux que donne la trompette dont on se sert actuellement dans les orchestres.

« Ainsi s'expliquent ces passages jugés de nos jours inexécutables, dont sont remplies les œuvres des anciens maîtres.

« Nous appelons l'attention de nos fabricants d'instruments de cuivre sur cette importante révélation. JENNIUS. »

(1) Dauprat, ancien professeur de cor au Conservatoire.

gement aux « joueurs de cors du temps, moins habiles », l'autre à l'auteur lui-même? La version de la partition et des parties d'orchestre, tout en présentant plus de facilité d'exécution, conserve au moins, avec une intention évidente, la physionomie distincte de l'idée première.

« Les cors, ajoute Dauprat, ne travaillent plus assez les cordes hautes des tons graves, pour qu'on puisse leur donner de pareils traits. »

« Haydn n'a plus employé ces moyens depuis. »

Mais revenons à la symphonie concertante.

La difficulté d'exécution est probablement une des causes pour lesquelles la 19e symphonie est restée ignorée, sans parler de l'œuvre elle-même. Il semble d'ailleurs que tous moyens de publicité devaient lui être constamment refusés.

En effet, que faut-il pour qu'une œuvre soit connue du public? Qu'on la joue! Et celle-ci a-t-elle été jamais exécutée? Oui, peut-être, en Allemagne, lors de son apparition; en France, nous ne le croyons pas; mais, en Angleterre, assurément non! quoiqu'elle y ait été éditée. Des preuves certaines l'établissent.

Écrite dans des conditions exceptionnelles, et qu'il est rare de trouver réunies, cette symphonie exige, nous l'avons dit, quatre cors, luxe d'instrumentation pour l'époque. Ces quatre instruments sont employés deux par deux d'une manière alternative, produisant successivement l'appel et l'écho, ou la demande et la réponse. La partie de cor solo est, pour ainsi dire, assimilée à une partie de clarinette.

La partition copiée portant le n° 27 de la collection des symphonies d'Haydn, à la bibliothèque du Conservatoire, contient les quatre parties de cors obligés qui ne laissent aucun doute sur leur authenticité. Cependant, soit à cause de la difficulté d'exécution qu'elles présentent, soit parce que les orchestres ne possédaient point alors quatre cors, toujours est-il que l'on s'est servi d'un expédient fort ingénieux sans doute, quoique bien simple, pour tout concilier. Ainsi, après avoir remarqué que les quatre cors ne donnent, à la fois, que dans les *forte*, qu'ils sont presque toujours soumis au dialogue, deux par deux, en imitation double, on a combiné les quatre parties de manière à les réduire à deux, en faisant jouer constamment et l'appel et l'écho par les deux mêmes cors. Tel est le procédé auquel, en Angleterre, on a eu recours lors de la publication des parties d'orchestre.

Mais, où l'habileté de l'arrangeur peut justement être contestée, c'est dans l'exactitude même qu'il a si soigneusement apportée à son travail, et cela pour ne rien omettre dans sa réduction qui, comme on va le voir, n'est que trop fidèle.

Haydn, en écrivant pour quatre cors, a quelquefois mis certaine réponse dans une tonalité différente de celle de l'appel. En effet, le ton des premier et second cors n'est pas toujours le même que celui des troisième et quatrième : ces combinaisons pouvaient se réaliser avec quatre parties distinctes. Mais on n'a point maintenu cette disposition. Il en résulte que dans l'édition publiée à Londres, les quatre parties de cors originales sont littéralement fondues en deux, mais que les tons s'y trouvent confondus. On peut aisément se figurer le charivari qui en ressortirait à l'exécution.

Nous ne nous sommes occupé de cette symphonie, nous devons l'avouer, qu'au point de vue du curieux : elle manquait à notre collection, nous avons dû, n'importe à quel prix, nous la procurer. Nous avons cherché longtemps, mais on conviendra que notre attente a été couronnée de succès.

Nous avons rétabli, dans notre collection, les quatre parties de cors, d'après la disposition originale de la partition. Cette restitution n'est malheureusement pas de nature à rendre l'exécution de cette symphonie plus facile ; mais, si le texte ne peut être soumis à l'audition, il ne blessera pas du moins les yeux à la lecture.

Cette symphonie privée de ses moyens d'exécution doit, par respect pour le maître, subsister dans sa forme originale comme œuvre de bibliothèque.

Haydn. **31e Symphonie.** (*Lettre* q) (1).

PARTITIONS.

ÉDITIONS : Le Duc, Choron (Paris), J. Rieter, Biedermann (Leipzig).
COPIE : Collection de la bibliothèque du Conservatoire (Paris).

PARTIES D'ORCHESTRE.

ÉDITIONS : Sieber, Imbault (Paris).

La 31e symphonie de Haydn offre quelques particularités dignes d'attention.

Cette symphonie a été publiée, en parties d'orchestre, premièrement par Forster (à Londres), ensuite, en partition, par

(1) Désignation de l'édition Forster. Cette symphonie, dit C.-F. Forster, dans son ouvrage intitulé : *Mozart et Haydn à Londres*, avait été choisie par Haydn pour être exécutée, sous sa direction, à Oxford, en juillet 1791, à l'occasion de sa nomination au grade de docteur en musique.

2

Le Duc (à Paris). Elle est comprise dans la « collection choisie des symphonies d'Haydn, en partition, publiées, mises en ordre par A. Choron. »

C'est *mises dans un ordre arbitraire* qu'il convenait de dire, attendu que les numéros des symphonies ne se rapportent aucunement (ainsi que dans la plupart des éditions d'Allemagne) avec ceux de la première édition française (de Sieber). On ne saurait trop blâmer ces changements de classement adoptés par les éditeurs.

L'édition Le Duc compte 26 symphonies dont 24 forment la collection Choron. Les partitions gravées d'après les parties d'orchestre publiées antérieurement sont, en général, remplies de fautes : elles n'ont même pas été revues, lors de la publication de cette « collection choisie » ! Enfin le classement adopté par Choron est, ainsi que partout ailleurs, une fantaisie d'éditeur. Ce fait ne peut s'expliquer que par rapport au nombre restreint des symphonies contenues dans chacune des éditions, à part celle de Sieber qui est la plus complète et la plus authentique (1).

La composition de l'orchestre de la 31e symphonie comprend : le quatuor, une flûte, deux hautbois, deux bassons et deux cors (éditions Sieber et Imbault).

On entend par quatuor d'orchestre les premiers et seconds violons, les altos (quelquefois divisés) et les basses (violoncelles et contre-basses), disposées, tantôt séparément ou en accolade, tantôt sur une seule portée contenant les indications de *violoncelle* et de *tutti*.

(1) Sieber fit exécuter au concert des amateurs la première symphonie de Haydn, en 1770 et publia les premières éditions françaises de toutes les œuvres de ce grand homme. (FÉTIS.)

Cette dernière disposition, adoptée par Haydn, dans ses premières symphonies, a laissé subsister la dénomination de *quatuor*, c'est-à-dire de quatre parties. Aujourd'hui, c'est *quintette* qu'il faudrait dire, le violoncelle et la contre-basse formant presque toujours deux parties distinctes.

Le quatuor sur quatre portées, telle fut aussi la disposition que suivit le graveur pour le tracé de la partition (édition Le Duc) d'après les parties d'orchestre (1); car il se contenta d'une même portée pour le violoncelle et la contre-basse, s'inquiétant fort peu si cette dernière formait une partie réelle.

C'est ainsi que la partie spéciale de contre-basse, gravée dans les éditions Sieber et Imbauit, égarée, peut-être, ou n'ayant présenté, aux yeux du graveur, aucune différence avec celle du violoncelle (que l'on considérait encore comme *basso*), fut omise dans la partition gravée. Il en résulta la fausse indication, en tête de la portée inférieure, de *violoncello e basso*.

La partie réelle de contre-basse, gravée dès l'origine en France, a dû, bien certainement, être exécutée, lors de l'audition de la symphonie, antérieurement à l'époque de la publication de la partition informe de Le Duc (1800). Cependant, l'omission que l'on rencontre également dans les premières éditions d'Allemagne et d'Angleterre, a fait naître quelques doutes sur l'authenticité de la partie séparée d'orchestre, publiée en France, des musiciens allemands ayant ajouté « non sans quelque habileté », paraît-il, des contre-basses de leur façon. Mais ce n'est pas tout.

(1) Haydn envoyait ses compositions à ses éditeurs non en partition, mais en parties détachées, d'une écriture serrée et sur de petites feuilles carrées.

La partition éditée récemment par Rieter-Biedermann contient, outre une partie de contre-basse inexacte, des trompettes et des timbales ajoutées.

On remarquera, d'une part, que ces instruments ne sont point gravés en parties séparées dans les éditions Sieber et Imbault, de l'autre, que la partition Rieter-Biedermann étant de 1868, on ne peut attribuer à Haydn la conception des parties ajoutées. D'ailleurs cette symphonie n'est nullement de nature à justifier l'emploi de tels instruments de la part du maître.

Il est vrai de dire que Haydn a parfois ajouté des trompettes et des timbales à quelques-unes de ses symphonies, dont il a fait au reste un choix judicieux : notamment, celle en *si* bémol, la 52e, etc. Mais, comme on sait, ces parties ajoutées ont été publiées presque aussitôt, et l'on y reconnaît le style de l'auteur jusque dans les plus minutieux détails. — Nous citerons, entre autres, l'arpége si ingénieux de l'accord d'*ut*, par la trompette, sur la pédale *fa* de la timbale, à la péroraison de l'andante de la symphonie (52e) en *si* bémol, tandis qu'il n'en est pas de même pour la 31e symphonie, où les parties de trompettes et de timbales ont constamment un rhythme vulgaire, différent de celui des instruments à vent. Cela manque d'unité et de pondération tout à la fois. Le caractère distinctif, original de l'œuvre est complétement dénaturé ; on ne reconnaît point là Haydn.

On peut s'en convaincre à l'aspect des premières mesures de l'allegro, où le dessin ajouté tient en même temps de la *fanfare* et du *pas redoublé*. Ces parties nouvelles, n'ayant jamais été reproduites autrement que par des copies inexactes du manuscrit de Haydn, ne figurent dans la partition de

Rieter-Biedermann qu'après avoir reçu, toutefois, de nombreuses corrections (1).

La même édition refuse l'entrée des contre-basses, dans l'adagio, à la 10e mesure, après la lettre B. Cela n'enlève pas les deux octaves signalées entre les basses et les seconds violons, mais détruit précisément l'intention du compositeur qui ne pouvait laisser ainsi son quatuor à l'abandon. D'ailleurs, l'imitation du motif par les basses est assez saillante pour concevoir l'apparition d'un nouvel instrument.

Mais un point plus difficile à traiter est sans contredit le suivant.

Les mesures 6 et 7 de l'adagio, après la lettre C (édition Rieter-Biedermann), sont indiquées comme ayant été l'objet de plusieurs variantes. La marche de la basse est diversement exprimée :

La version suivante est *tenue pour bonne* dans la partition Rieter-Biedermann.

Ces mesures correspondent au passage suivant de l'adagio,

(1) Comme il est dit, d'ailleurs, dans l'avant-propos placé en tête de la partition, au sujet de la timbale dont le *sol* de la mesure 14 de l'allegro, après la lettre *g*, peut, avec raison, paraître « étrange ».

réalisé ici d'après les parties d'orchestre, éditions Sieber et Imbault.

On voit que c'est la cadence rompue qui a été rejetée.

Nous considérons, cependant, cette dernière version comme la vraie.

Ce qui effraye, nous ne dirons pas les puristes (cette dernière version seule est écrite purement), mais ceux qui voient la « chimère » partout, c'est l'attaque du *la* par la flûte sur le *si* de la basse, au deuxième temps, bien que cette septième ne soit, par le fait, qu'une note de passage. En effet, le *la* descend diatoniquement, en tombant sur le *si*, à la consonnance *fa* dièse pour remonter ensuite par l'accord de sixte à un repos momentané. La gamme des violons précédant le *la* atténue la dureté de l'entrée de la flûte : celle-ci pourrait avoir doublé tout le trait à l'octave. En définitive, le mouvement conjoint du dessin mélodique rend la marche des parties régulière : il n'y a donc rien de fautif dans cette réalisation. La disposition scolastique de ce passage se traduit ainsi qu'il suit :

Tandis qu'au point de vue de la pureté d'harmonie, la pédale des basses, continuant la prolongation du *la* jusqu'à la troisième croche de la mesure, détermine l'accord de *ré* (sixte et quarte), à la résolution de la cadence parfaite effectuée par les bassons, ce qui est incorrect.

Nous ne ferons pas le relevé des nuances ajoutées dans l'édition de Rieter-Biedermann; cela nous conduirait trop loin. Du reste, les éditeurs en font mention dans la préface; on est donc prévenu.

Pourquoi aussi a-t-on changé la physionomie caractéristique du thème de l'allegro? Qu'on nous le dise; son véritable caractère est pourtant le *staccato*. C'est la première fois que nous le voyons lié et pour ainsi dire méconnaissable.

Mais il nous faut revenir encore une fois aux contre-basses.

La partie séparée d'orchestre, gravée dans les éditions Sieber et Imbault contient des pauses dans les cinq dernières mesures de la première reprise du trio du menuet. Dans la partition Rieter-Biedermann on trouve une partie *inventée*, là où justement la présence des contre-basses est inadmissible. Il est évident qu'aux mesures ci-dessus énoncées, les fondamentales des accords formant la partie mélodique, Haydn s'est bien gardé de les reproduire, comme basse et en octave, même par mouvement contraire.

Partie inventée.

C'est, à la fois, détruire le contraste des nuances *forte*, *piano*, et affaiblir la puissance énergique des contre-basses, à leur entrée de la seconde reprise du trio, que de les employer ainsi sans discernement (1). Cela encore ne peut être de Haydn.

Il en est de même du passage ajouté aux seconds violons, en remplacement de l'*unisson* avec les premiers, dans les 4e et 5e avant-dernières mesures de l'adagio. Avec l'anticipation, deux fois répétée par les seconds violons, de la troisième mesure des violoncelles (avant la fin), l'harmonie se complète, il est vrai ; mais cela empêche, par conséquent, l'effet des agrégations progressives des accords de se produire naturellement par l'instrumentation elle-même.

Quant à l'exposition du thème par les violons, dans le *finale*, la disposition des parties n'est point identique avec celle de la

(1) Ce passage est sans doute un de ceux pour lesquels, en Allemagne, « on reconnut la nécessité d'une partie de contre-basse, parce que sans cela certaines harmonies paraissaient suspendues en l'air. »

deuxième reprise, au retour du motif. C'est une instrumentation différente voulue par le compositeur.

Cette symphonie, partition et parties d'orchestre, a été soigneusement revue et rectifiée par nous dans notre collection.

CATALOGUE.

D'après le « catalogue des ouvrages de Haydn, rédigé par lui-même, le 4 décembre 1805 » et qui est à peu près semblable au « catalogue des œuvres que Joseph Haydn, âgé de soixante-treize ans, se rappela avoir composé depuis l'âge de dix-huit ans », cité par Stendhal (1), le nombre des symphonies de l'illustre maître est de 118.

Cependant, aucune collection, soit en gravure, soit en copie, partitions ou parties d'orchestre, n'a pu atteindre à ce chiffre éloquent. « Il est à observer, dit Fétis, que dans le nombre de 118 symphonies Haydn comptait des pièces à petit orchestre, telles que sérénades, *parthien*, caprices et fantaisies. »

Les différentes éditions, surtout les nouvelles, publiées en Allemagne, se composent, en effet, d'une manière arbitraire d'un certain nombre de symphonies dont la plupart ne sont que des reproductions (sans conformité de texte, comme on vient de voir) des éditions antérieures.

(1) Et qui n'est autre que « la liste des ouvrages de Haydn remise à Carpani pour ses mémoires. »

Ainsi, par exemple, voici la composition des éditions de :

— Sieber (Paris), 63 symphonies, en parties d'orchestre ;
— Le Duc (1), 26 symphonies, en partition;
— Pleyel, 5 symphonies, en partition, gravées par Richomme (y compris celle éditée par Richault);
— Breitkopf et Härtel (Leipzig), 14 symphonies;
— Bote et Bock (Berlin), 12 symphonies;
— Rieter-Biedermann (Leipzig), 2 symphonies (6 annoncées);
— Collection des partitions, en copie (bibliothèque du Conservatoire de Paris), 67 symphonies; etc.

En puisant à toutes les sources, et par le mélange des diverses éditions combinées entre elles, nous avons pu réunir, jusqu'à présent, dans notre collection des symphonies de Haydn, tant en partitions qu'en parties d'orchestre, 82 symphonies. Nous ne pouvons malheureusement pas espérer de dépasser ce nombre; car, parmi les 36 symphonies qui manquent, il faut compter, soit des œuvres portant un autre titre, soit des symphonies qui peut-être n'ont point été publiées ou qui n'existent plus aujourd'hui.

(1) En 1810, Le Duc publia à Paris, et le premier en Europe, une collection de 26 symphonies d'Haydn, en partition d'orchestre, grand format. Aujourd'hui encore il n'y a pas 20 symphonies gravées en partition de ce père de la symphonie, dans toute l'Allemagne. (Oscar Comettant.)

CATALOGUE THÉMATIQUE

DES SYMPHONIES DE J. HAYDN.

TABLEAU COMPARATIF

DES NUMÉROS D'ORDRE DES ÉDITIONS :

A. Sieber (parties d'orchestre).
B. Le Duc (partitions).
C. Bibliothèque du Conservatoire (copie des partitions).
D. Breitkopf et Härtel (partitions).
E. Bote et Bock (partitions).

CATALOGUE DES SYMPHONIES DE J. HAYDN.

INDEX THÉMATIQUE.

(1) Haydn imaginait une espèce de petit roman qui pût lui fournir des sentiments et des couleurs musicales.... C'est de ces petits romans que proviennent les noms par lesquels notre compositeur désignait quelquefois ses symphonies.

(De Stendhal.)

CATALOGUE DES SYMPHONIES DE J. HAYDN.

COMPOSITION DE L'ORCHESTRE EN DEHORS DU QUATUOR.	Numéros d'ordre des éditions : A	B	C	D	E
1.	1	6	31		
2 hautbois, 2 cors, 2 bassons.					
2.	2	1	18		
2 hautbois, 2 cors.					
3.	3	4	61		
2 hautbois, 2 cors.					
4.	4	20	9		
2 hautbois, 2 cors, 2 bassons.					
5.	5	12	47		
1 flûte, 2 hautbois, 2 cors.					
6.	6	23	43		
1 flûte, 2 hautbois, 2 cors.					

INDEX THÉMATIQUE.

COMPOSITION DE L'ORCHESTRE EN DEHORS DU QUATUOR.	Numéros d'ordre des éditions : A	B	C	D	E
7. 2 hautbois, 2 cors, 2 bassons.	7	3	2		
8. 2 hautbois, 2 cors, 2 bassons.	8	24	25		
9. 1 flûte, 2 hautbois, 2 cors, 1 basson.	9	7	44		
10. 1 flûte, 2 hautbois, 2 cors.	10	25	6		
11. 1 flûte, 2 hautbois, 2 cors, 2 bassons.	11	26	52		
12. 1 flûte, 2 hautbois, 2 cors.	12	14	26		
13. 2 hautbois, 2 cors.	13	15	16		
14. 2 hautbois, 2 cors.	14	2	40		

INDEX THÉMATIQUE.

(1) Les chiffres romains indiquent le classement des XVIII symphonies composées pour les concerts de Salomon à Londres.

COMPOSITION DE L'ORCHESTRE EN DEHORS DU QUATUOR.	Numéros d'ordre des éditions : A	B	C	D	E
15. 1 flûte, 2 hautbois, 2 cors, 2 bassons.	15		48		
16. 2 hautbois, 2 cors.	16	9	21		
17. 1 flûte, 2 hautbois, 2 cors, 2 bassons.	17		50		
18. 1 flûte, 2 hautbois, 2 cors, 1 basson.	18		51		
19. 1 flûte, 2 hautbois, *4 cors*, 2 bassons *ad libitum*.	19		27		
20. 1 flûte, 2 hautbois, 2 cors, 2 bassons.	20		60		
21. 1 flûte, 2 hautbois, 2 cors, 2 bassons.	21	8	30		11

INDEX THÉMATIQUE.

22. *La Poule.*

(1) Quelques-unes des symphonies de Haydn ont été écrites pour les jours saints.

COMPOSITION DE L'ORCHESTRE EN DEHORS DU QUATUOR.	Numéros d'ordre des éditions :				
	A	B	C	D	E
22.	22	3	23		
1 flûte, 2 hautbois, 2 cors, 2 bassons.					
23.	23		17		
1 flûte, 2 hautbois, 2 cors, 2 bassons.					
24.	24		13	10	12
1 flûte, 2 hautbois, 2 cors, 2 bassons, 2 trompettes, timbales.					
25.	25		32		
1 flûte, 2 hautbois, 2 cors, 2 bassons, 2 trompettes, timbales.					
26.	26		34		
1 flûte, 2 hautbois, 2 cors, 2 bassons.					
27.	27		52		
1 flûte, 2 hautbois, 2 cors, 2 bassons.					
28.	28		4		
1 flûte, 2 hautbois, 2 cors, 2 bassons.					

INDEX THÉMATIQUE.

COMPOSITION DE L'ORCHESTRE EN DEHORS DU QUATUOR.	Numéros d'ordre des éditions :				
	A	B	C	D	E
29. 1 flûte, 2 hautbois, 2 cors, 2 bassons, 2 trompettes, timbales.	29		58		7
30. 1 flûte, 2 hautbois, 2 cors, 2 bassons.	30	10	24		
31. 1 flûte, 2 hautbois, 2 cors, 2 bassons.	31	11	20		
32. 1 flûte, 2 hautbois, 2 cors, 2 bassons.	32	12	14		
33. 2 flûtes ou 2 hautbois, 2 cors, 1 basson.	33		11		
34. 2 hautbois, 2 cors, 1 basson, timbales.	34		46		
35. 1 flûte, 2 hautbois, 2 cors, 1 basson.	35		3		
36. 1 flûte, 2 hautbois, 2 cors, 2 bassons.	36		5		

INDEX THÉMATIQUE.

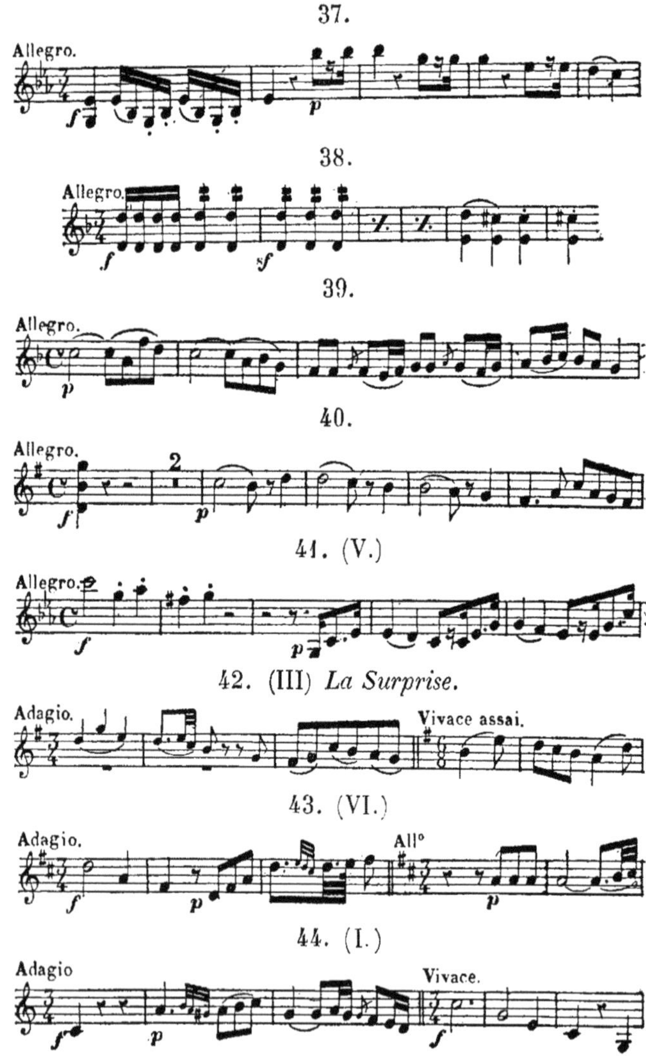

Composition de l'orchestre en dehors du quatuor.	Numéros d'ordre des éditions : A	B	C	D	E
37. 1 flûte, 2 hautbois, 2 cors, 1 basson.	37		28		
38. 1 flûte, 2 hautbois, 2 cors, 2 bassons.	38		15		
39. flûte, 2 hautbois, 2 cors, 2 bassons.	39		37		
40. 1 flûte, 2 hautbois, 2 cors, 2 bassons.	40		7		
41. 1 flûte, 2 hautbois, 2 cors, 1 basson, 2 trompettes, timbales.	41	18	12	9	8
42. 1 flûte, 2 hautbois, 2 cors, 2 bassons.	42		36	6	3
43. 2 flûtes, 2 hautbois, 2 cors, 2 bassons, 2 trompettes, timbales.	43		62		10
44. 1 flûte, 2 hautbois, 2 cors, 2 bassons, 2 trompettes, timbales.	44		1	7	

INDEX THÉMATIQUE.

COMPOSITION DE L'ORCHESTRE EN DEHORS DU QUATUOR.	Numéros d'ordre des éditions : A	B	C	D	E
45. 1 flûte, 2 hautbois, 2 cors, 2 bassons, 2 trompettes, timbales.	45		35	5	
46. 1 flûte, 2 hautbois, 2 cors, 2 bassons, 2 trompettes, timbales.	46	19	33	8	
47. (*Violon principal.*) 1 flûte, 2 hautbois, 2 cors, 2 bassons, 2 trompettes, timbales.	47		49		
48. 1 flûte, 2 hautbois, 2 clarinettes, 2 cors, 2 bassons, 2 trompettes, timbales.	48		53	11	5
49. 1 flûte, 2 hautbois, 2 clarinettes, 2 cors, 2 bassons, 2 trompettes, timbales.	49		45	4	6
50. 1 flûte, 2 hautbois, 2 clarinettes, 2 cors, 2 bassons, 2 trompettes, timbales.	50		54	1	4
51. 2 flûtes, 2 hautbois, 2 clarinettes, 2 cors, 2 bassons, 2 trompettes, timbales.	51		19	2	1
52. 1 flûte, 2 hautbois, 2 cors, 2 bassons, 2 trompettes, timbales.	52		22	12	2

INDEX THÉMATIQUE.

COMPOSITION DE L'ORCHESTRE EN DEHORS DU QUATUOR.	Numéros d'ordre des éditions : A	B	C	D	E
53. 2 flûtes, 2 hautbois, 2 clarinettes, 2 cors, 2 bassons, 2 trompettes, timbales.	53		53	3	9
A 1 flûte, 2 hautbois, 2 cors.	A	17	66		
B 2 hautbois, 2 cors.	B				
C 2 hautbois, 2 cors.	C				
D 2 hautbois, 2 cors.	D		38		
E 2 hautbois, 2 cors, 2 bassons.	E		29		
F 2 flûtes ou 2 hautbois, 2 cors.	F		59		
G 2 hautbois, 2 cors, 1 basson.	G				

INDEX THÉMATIQUE.

COMPOSITION DE L'ORCHESTRE EN DEHORS DU QUATUOR.	Numéros d'ordre des éditions : A	B	C	D	E
H	H		56		
2 flûtes ou 2 hautbois, 2 cors.					
J	J				
2 flûtes, 2 hautbois, 2 cors, 2 bassons.					
K	K		42		
1 flûte, 2 hautbois, 2 cors.					
L			8		
2 hautbois, 2 cors, 1 basson.					
M			10		
2 hautbois, 2 cors, 1 basson.					
O			39		
2 hautbois, 2 cors, 2 bassons.					
P			41		
2 hautbois, 2 cors, 1 basson.					
Q			63		
2 hautbois, 2 cors.					

INDEX THÉMATIQUE.

RECUEIL DE SIX SYMPHONIES

(Éditées à Vienne chez Artaria).

COMPOSITION DE L'ORCHESTRE EN DEHORS DU QUATUOR.	Numéros d'ordre des éditions : A	B	C	D	E
R			64		
(*Violon principal.*) 1 flûte, 2 hautbois, 2 cors, 1 basson.					
S			65		
2 hautbois, 2 cors.					
T			67		
2 hautbois, 2 cors.					
RECUEIL DE SIX SYMPHONIES (Éditées à Vienne chez Artaria).					
1.	1				
1 flûte, 2 hautbois, 2 cors, 1 basson.					
2.	2				
(*Violoncelle solo.*) 2 hautbois, 2 cors.					
3.	3				
1 flûte, 2 hautbois, 2 cors.					
4.	4				
2 hautbois, 2 cors, 1 basson.					

INDEX THÉMATIQUE.

5.

Allegro.

f *p*

6.

Largo.

f *p*

4 SYMPHONIES CONCERTANTES.

COMPOSITION DE L'ORCHESTRE EN DEHORS DU QUATUOR.	Numéros d'ordre des éditions : A	B	C	D	E
5.	5				
2 hautbois, 2 cors.					
6.	6				
2 hautbois, 2 cors, 2 bassons, 2 trompettes.					
4 SYMPHONIES CONCERTANTES.					
I.					
2 hautbois, 2 cors (2 trompettes, timbales *ad libitum*).					
II.					
2 hautbois, 2 cors.					
III.					
(4 *violini*.) 2 hautbois, 2 cors.					
IV.					
2 hautbois, 2 cors.					

INDEX THÉMATIQUE.

aa.

SYMPHONIE EN UT MINEUR.

bb.

SYMPHONIE CONCERTANTE A HUIT INSTRUMENTS OBLIGÉS.

COMPOSITION DE L'ORCHESTRE EN DEHORS DU QUATUOR.	Numéros d'ordre des éditions : A	B	C	D	E
aa. **SYMPHONIE EN UT MINEUR.** 1 flûte, 2 hautbois, 2 cors, 2 bassons, 2 trompettes, timbales, triangle, grosse caisse et cymbales.					
bb. **SYMPHONIE CONCERTANTE A HUIT INSTRUMENTS OBLIGÉS.** 2 violons, alto, violoncelle, basse, flûte et 2 cors.					

MOZART.

MOZART.

Mozart. **Symphonie.** (*Sol mineur.*)

PARTITIONS.

Éditions : Breitkopf et Härtel (Leipzig), Richault (Paris).
Copie : Bibliothèque du Conservatoire (Paris).

PARTIES D'ORCHESTRE.

Éditions : Sieber, Richault.

Cette symphonie, un des chefs-d'œuvre de Mozart, renferme plusieurs points discutables, compris dans une seule mesure.

La mesure 207 de la deuxième reprise de l'allegro contient premièrement une erreur de note, dans la partie du second cor (partitions et parties d'orchestre) : l'*ut* noire gravée au second temps; deuxièmement, l'accord de *ré* mineur (*ré*, *fa*, *la*), arpégé par les basses, et compris dans la progression harmonique déterminée par le mouvement de marche, produit une fausse relation que l'on ne peut méconnaître (1). Cette fausse relation se trouve dans les partitions gravées, dont les planches usées aujourd'hui rendent l'impression presque illisible, ainsi que dans les arrangements pour piano, à deux et à quatre mains.

Cependant, malgré cette conformité de textes, on exécute partout cette mesure en substituant à l'accord vrai (*ré*, *fa*, *la* ♮), gravé dans toutes les éditions, l'accord diminué (*ré*, *fa*, *la* ♭).

Pour quelles raisons? on l'ignore! L'oreille aura sans doute guidé les exécutants, et l'on a préféré, à la rudesse de la fausse relation, la douceur de l'accord diminué. C'est, comme on voit, affaire de goût, et en même temps de peu de respect.

Mais, pour nous, il s'agit ici, comme pour tous les points que nous présenterons, d'analyser, de raisonner le sens vrai des choses, par induction ou par déduction, et non d'accepter, sans examen, sans discussion, des habitudes invétérées qui résultent du sentiment individuel.

Or voici l'analyse de ce passage.

Le mouvement continu de la basse peut s'effectuer, soit par l'accord de quinte diminuée (*ré*, *fa*, *la* ♭), soit par l'accord de quinte juste, avec tierce mineure (*ré*, *fa*, *la* ♮). Mais nous avons fait remarquer que les textes gravés (partitions et parties d'orchestre) contiennent tous l'accord mineur. Ils présentent clairement une marche symétrique dont la disposition est parfaitement rationnelle. En effet, les trois premières mesures de la progression (à partir de la mesure 200)

(1) Une fausse relation analogue à celle-ci se rencontre dans l'introduction du 6e quatuor (instruments à cordes) de Mozart.

procèdent par une suite de sixtes, dont deux renversements d'accords diminués, tandis que les mesures suivantes déterminent mélodiquement, et avec une accentuation plus accusée, des accords de quinte non renversés, soit majeurs, soit mineurs. On conviendra qu'il y a moins d'énergie, de puissance sonore dans le renversement que dans l'état direct d'un accord. On peut donc supposer avec raison que le compositeur a préféré le *diminué* pour le renversement, réservant judicieusement le *majeur* et le *mineur* pour les accords directs.

Quant au deuxième cas, l'*ut* gravé est une erreur, avons-nous dit :

Une fois cette erreur reconnue, on voit que les deux notes suivantes (les deux *ré*) sont exactes, naturelles et ouvertes dans l'accord gravé (*ré*, *fa*, *la* ♮) ; et que, par la substitution de l'accord diminué (*ré*, *fa*, *la* ♭), on est obligé d'accuser l'auteur d'avoir oublié un bémol au *ré*.

Ainsi, d'un côté, en acceptant le texte gravé, c'est-à-dire l'accord de quinte juste avec tierce mineure, une note seule est fautive : la première ; de l'autre côté, en remplaçant l'accord mineur par l'accord diminué, les trois notes sont fautives, et il faut avoir recours forcément à l'une des deux versions suivantes, comme modification exigée par l'adoption de l'accord diminué.

(1) *Ré*, remplaçant l'*ut* fautif.

Ces deux versions sont de nature à faire naître quelques réflexions.

L'éclat de l'instrumentation est une des qualités remarquables de cette symphonie. Pour toute puissance sonore, jointe au quatuor, on compte une flûte, deux hautbois, deux bassons et deux cors. Mais, de la manière exceptionnelle dont ces deux derniers instruments sont écrits, il est facile de voir le parti que Mozart voulait en tirer, l'importance qu'il attachait à cette sonorité vraiment prodigieuse qui est presque sans exemple. Le premier cor est en *si* bémol haut; le second en *sol*. Toutes les notes employées dans l'allegro, morceau de force et d'éclat, sont naturelles, ouvertes; les deux parties sont tantôt rapprochées, tantôt espacées, suivant l'étendue que parcourent les deux tons réunis, c'est-à-dire une échelle de sons ouverts à partir du *ré* grave 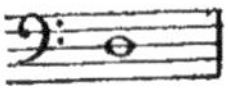 au *ré* aigu :  deux octaves.

Dans la mesure en question, et d'après tous les textes gravés, une note seule est fautive, et l'erreur est facile à rectifier : il faut trois *ré* naturels, trois notes ouvertes dont la sonorité est en parfait rapport avec les deux notes du premier cor. Autrement, si l'on méconnaît l'accent affecté à la fausse relation, accent de grande puissance et destiné au *forte*, si l'on affaiblit, au contraire, la marche progressive en substituant l'accord diminué à l'accord mineur, c'est alors qu'il faut recourir à l'une des deux versions exprimées ci-dessus : soit un *si* bémol et deux *ré* bémols, soit trois *ré* bémols.

Un *si* bémol ! — Mais il n'y en a point dans toute la symphonie. Et ce *si* bémol fait marcher le cor et la basse en octaves!

Trois *ré* bémols! Trois notes bouchées! — Il y en a deux dans l'andante, il est vrai, mais quelle différence, quelle opposition de caractère! On en jugera.

Pourquoi trois notes bouchées, et surtout trois notes, quand le premier cor n'a que deux notes, deux notes ouvertes? En admettant que *ré* bémol fût la note vraie, il est présumable que le maître ne l'eût frappée que deux fois seulement, ainsi que procède le premier cor. Et s'il n'accuse aucune note sur le premier temps, c'est que le *ré* naturel (*la* naturel pour l'oreille) ne pouvait être exprimé qu'après le *la* bémol des seconds violons (1). Mais, d'un côté comme de l'autre, c'est toujours une ou deux notes bouchées dans la même mesure, et, nous le répétons, il n'en existe aucune dans tout le morceau.

Il est donc évident que cette substitution d'accord est le résultat d'une fausse interprétation : sur ce point la logique est précise, elle fait loi; la routine, au contraire, est funeste et transmet l'erreur.

C'est en pénétrant dans l'intimité minutieuse des détails que l'on parvient à découvrir la véritable intention des auteurs qu'il importe de ne point travestir.

Dans l'andante, au deuxième temps de la 52e mesure de la seconde reprise, se trouvent les deux seules notes bémolisées dont il est fait mention plus haut. Cette mesure offre, en même temps, une particularité digne d'intérêt.

Les parties d'orchestre (édition Sieber) ainsi que les partitions (éditions Breitkopf et Härtel - Richault) présentent les

(1) On trouve le *la* bémol dans les parties d'orchestre gravées (édition Sieber) et dans les partitions.

cors en *mi* bémol écrits de la façon suivante, 20 mesures avant la fin du morceau . Cependant, malgré la similitude des différentes éditions sur ce point, on a introduit un changement qui est exécuté généralement, le voici :

L'harmonie en est certainement correcte, mais plusieurs raisons nous font considérer la première réalisation comme l'expression vraie de la pensée de l'auteur.

L'accord du premier temps est celui de (*la* ♭, *ut* ♭, *mi* ♭, *fa* ♭) sixte et quinte ; comme dans la mesure 33 de l'exposition de l'idée mélodique (première reprise), la dissonance ou quinte de l'accord est exprimée et résolue régulièrement. Il n'en est pas de même dans la mesure 52 de la seconde reprise ; le cas est anormal. Ici, la dissonance (quinte de l'accord) se trouve doublée par les deux *ut* des cors, et, contrairement au principe, monte à la résolution sur les deux notes bémolisées. Le changement a donc été conçu en vue de la pureté harmonique du passage. Mais la résolution de l'accord de sixte et quinte, différemment exprimée la première fois, explique précisément l'exception que le maître a certainement voulue. En effet, dans la mesure 33 (première reprise), la dissonance descend régulièrement, mais aussi la sixte de l'accord avec laquelle la dissonance forme septième reste en place, à la résolution. Dans la mesure 52 (deuxième reprise), la dissonance exprimée et soutenue par les deux *ut* des cors, monte au contraire; mais alors, la sixte de l'accord descend justement à la note de la résolution évitée par les cors. La dissonance ne forme plus septième : elle est comme une sorte de pédale intermédiaire, sans le secours de laquelle la quinte de l'accord serait à peine entendue. Cependant, le changement ci-dessus indiqué est admis depuis longtemps, tandis que le texte gravé est méconnu.

Quant aux quatre mesures passées à l'exécution dans chacune des reprises, voici un extrait d'une notice (Anmerkung) du catalogue thématique des œuvres de Mozart, par V. Köchel (n° 550, symphonie en *sol* mineur), concernant ce morceau. « Dans l'andante de la partition, édition Breitkopf, il a été reconnu par Schumann, avec raison, une erreur qui s'était implantée depuis longtemps (Nouvelle Revue, XX, p. 130. — Recueil Schumann, IV, p. 62). Dans les deux parties se trouvent quatre mesures (I, 29-33, II, 48-51) répétées, seulement avec un changement d'instrumentation, ce qui est insupportable, parce que de cette façon la même modulation de *ré* bémol majeur en *si* bémol mineur (*sol* bémol majeur en *mi* bémol mineur) est reproduite coup sur coup. Un regard jeté sur la partition originale (autographe) fait reconnaître la vérité. Mozart avait primitivement écrit les quatre mesures 33-36 (II, 52-55), puis il aura ajouté sur une feuille à part, peut-être pour la facilité, l'autre version ; par erreur on aura écrit les deux versions l'une après l'autre. Par conséquent on devra biffer les mesures I, 29-32, et II, 48-51. »

Nous devons ajouter que cette erreur se trouve également dans les parties d'orchestre publiées antérieurement par Sieber. Elle a été reconnue par Habeneck, bien avant la fondation de la société des concerts, et l'on a toujours, au Conservatoire, considéré comme nulles les mesures signalées plus haut (I, 29-32, et II, 48-51). Ce n'est donc point chez nous que l'erreur s'est « implantée », comme il paraît qu'ailleurs cela s'est produit.

Un côté original et peut-être exceptionnel de cette symphonie, c'est le choix des tonalités observées par l'auteur.

Le titre de *symphonie en sol mineur* n'a jamais été mieux justifié.

En effet, la symphonie en sol mineur de Mozart éveille chez le musicien une de ces impressions qui échappent bien certainement aux *dilettanti* les plus éclairés, à ceux-là même qui considèrent l'*ut mineur* — c'est ainsi qu'ils désignent la symphonie en *ut* mineur de Beethoven — comme le chef-d'œuvre des chefs-d'œuvre.

L'*ut mineur,* c'est l'œuvre grandiose, d'une inspiration divine, d'une énergie puissante : l'une des pages les plus colorées, les plus émouvantes de Beethoven.

La symphonie en *sol* mineur de Mozart est une œuvre gracieuse, passionnée, mélancolique : c'est l'inspiration réunie à la science.

De cette dernière qualité, on tient généralement peu compte, en présence de l'émotion, du charme, de l'intérêt que l'on ressent à l'audition. Il faut nécessairement imposer silence aux impressions qui vous captivent pour découvrir tout le mérite scientifique de cette œuvre inspirée.

Envisagée au point de vue de la science, la symphonie en *sol* mineur est l'expression la plus vraie, la plus sentie et la plus complète du mode mineur. La tonalité y est traitée d'une manière des plus rigoureuses. Les modulations se succèdent méthodiquement selon les préceptes sévères de l'école.

Mais on sait qu'une exception aux lois de la rhétorique,

de l'art de la composition, concernant la facture des morceaux en mineur, est généralement admise dans le style idéal. Ainsi, au lieu de finir dans le mode primitivement énoncé, c'est-à-dire en mineur, la seconde reprise, une fois ses développements produits, termine souvent en majeur, dans le ton principal. Cette exception, Mozart ne l'a point acceptée. Comme on en va juger, il existe peu d'exemples de l'emploi des tonalités relatives établies dans la symphonie en *sol* mineur.

La première reprise (premier morceau) passe au relatif direct : *si* bémol ; la seconde reprise, après de nombreuses modulations progressives, revient, par deux fois, au ton de *sol* mineur dans lequel elle termine. Il en est de même pour le *finale*.

Le menuet est conçu dans le ton de *sol* majeur, mineur, tour à tour.

L'andante seul diffère : il est en *mi* bémol.

Cette voie rigoureuse dans laquelle Mozart est resté fidèle aux règles les plus sévères de la composition, caractérise particulièrement la symphonie en *sol* mineur. La science profonde de l'harmoniste, le goût exquis du compositeur caressant la forme mélodique jusque dans les mutations les plus élégantes et les plus variées des idées premières, ces deux conditions qui commandent même au génie, Mozart les a remplies d'une façon des plus ingénieuses et des plus intéressantes.

En effet, pour reproduire, en mineur, dans la seconde reprise (allegro et finale), la deuxième idée mélodique conçue premièrement en majeur, la mission du compositeur était délicate et difficile. Aussi, lorsqu'on a ressenti, en premier lieu, les impressions si douces, si séduisantes de l'inspiration du maître, on ne saurait trop ensuite admirer la richesse des harmonies nouvelles, des mélodies transformées par le génie dont la grâce ajoute un charme nouveau à des idées librement conçues.

A l'audition, la symphonie en *sol* mineur de Mozart est une œuvre inspirée ; à la lecture, c'est une œuvre savante!

Mozart. **Symphonie en ut.** (Jupiter.)

Nous signalerons, dans cette symphonie, un changement qu'on a peine à s'expliquer : c'est la substitution de deux notes fausses, étrangères à la mélodie, à deux notes justes, notes réelles du chant.

La mesure 30 du premier morceau reproduit mélodiquement le thème à un ton d'intervalle supérieur, c'est-à-dire en *ré* mineur. Cette mesure est ainsi conçue, dans les parties d'orchestre :  (1).

On l'a trouvée dure, fautive, apparemment, car elle a été remplacée par la suivante : 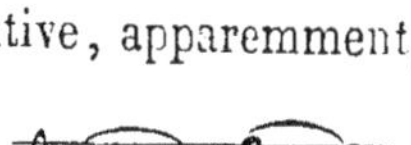 (2).

(1) Édition Sieber.

(2) La partition gravée à Leipzig, chez Breitkopf et Härtel, contient ce changement.

La version gravée dans les parties d'orchestre est parfaite cependant, au double point de vue de la mélodie et de l'harmonie. On ne peut concevoir un fait aussi « étrange ».

Tel est le passage réalisé dans les parties d'orchestre (édition Sieber).

En le comparant avec le thème, on voit qu'il est en tout conforme à la disposition mélodique ainsi qu'à la progression harmonique déterminée par la phrase. Ainsi, chaque fois que le dessin mélodique apparaît, la note longue (pointée) forme appogiature et la résolution s'effectue sur la note brève qui suit.

C'est donc vouloir substituer le faux au vrai, conserver l'erreur quand même, que de maintenir une irrégularité semblable. Le texte gravé des parties d'orchestre est irréprochable : c'est, à la fois, l'ordre primitif, le sens vrai de la mélodie et de l'harmonie, en un mot, la pensée de l'auteur. La partition seule est fautive.

Mozart. **Symphonie en ut.** (Op. 34.)

L'introduction du premier morceau contient, à la 18e mesure, le passage suivant, gravé dans les parties d'orchestre (édition Sieber).

On l'exécute cependant avec le *la* naturel. Pour quelle raison? Qu'on nous le dise! Serait-ce, par hasard, le seul exemple de l'emploi de la tierce diminuée par Mozart? La critique suivante, à l'adresse de l'illustre maître, est loin de le faire supposer : « Les gens du métier vous diront que Mozart abusa toujours des intervalles de diminuée et de superflue(1). »

Tout étant du *métier*, nous avouons humblement ne pas avoir fait cette remarque (2).

(1) *Histoire de Mozart*, traduite de l'allemand, par Albert Sowinski.

(2) Voir les rectifications de ces symphonies (partitions et parties d'orchestre). dans notre collection des symphonies de Mozart.

CATALOGUE.

Le *Chronologisch-Thematisches* du Dr Ludwig Ritter von Köchel porte le nombre des symphonies de Mozart à 49. 21 symphonies ne s'y trouvent aucunement (Keine). Le Dr Henri Doering, dans sa biographie de Mozart, n'accuse que 39 symphonies seulement.

Les 28 symphonies *éditées*, d'après le *Chronologisch-Thematisches*, sont réparties ainsi qu'il suit :

ÉDITION : Breitkopf et Härtel (Leipzig), 8 symphonies en parties copiées (Abschriften) ; 12 symphonies en partition (gravées).

ÉDITION : A. Cranz (Hambourg), 12 symphonies (2e série) en partition et parties séparées (gravées).

ÉDITION : Ludwig Gall (Vienne), une symphonie arrangée pour deux pianos (Abschriften).

ÉDITION : J. André (Offenbach), 12 symphonies pour orchestre ; 12 idem pour piano, à 4 mains.

ÉDITION : S. Richault (Paris), 12 symphonies en partition ; une symphonie concertante pour violon et alto, avec orchestre, en partition (gravées).

En ajoutant au nombre 28 *six sérénades*, *un concerto*

(violon et alto) édités sous le titre de symphonies (éditions : Breitkopf et Härtel, Richault), on forme le total de 35 symphonies.

Plus de la moitié de ce nombre est introuvable aujourd'hui.

Notre collection des symphonies de Mozart se compose, jusqu'à présent, de : 15 symphonies en partition et en parties d'orchestre (éditions Breitkopf et Härtel, Sieber (1), Richault); 1 symphonie concertante pour violon et alto avec orchestre, en partition; 10 symphonies pour piano à 4 mains (Richault) : en tout, 26 symphonies.

(1) C'est d'abord en France que les symphonies de cet illustre compositeur (Mozart) ont vu le jour en parties détachées chez l'éditeur Sieber.

(OSCAR COMETTANT.)

CATALOGUE THÉMATIQUE

DES SYMPHONIES DE W.-A. MOZART.

TABLEAU COMPARATIF

DES NUMÉROS D'ORDRE DES ÉDITIONS :

A. L.-R. von Köchel (Chronologisch-Thematisches).
B. Sieber (parties d'orchestre).
C. Bibliothèque du Conservatoire (copie des partitions).
D. S. Richault (piano à 4 mains).
d. Idem (partitions).
E. Breitkopf et Härtel (partitions).
F. A. Cranz (partitions et parties d'orchestre).
G. Joh. André (orchestre).
g. Idem (piano à 4 mains).

CATALOGUE DES SYMPHONIES DE W.-A. MOZART.

INDEX THÉMATIQUE.

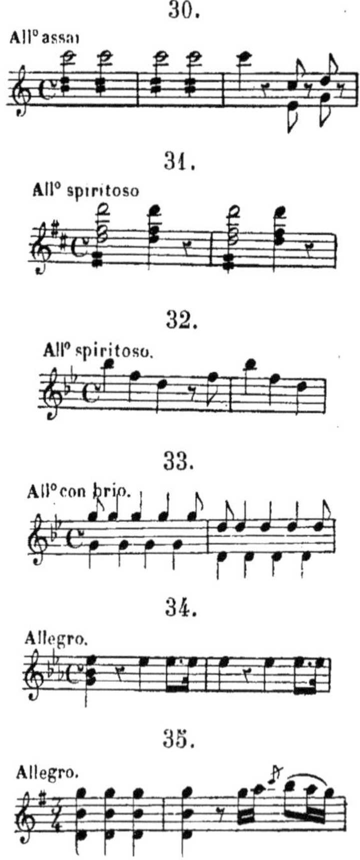

CATALOGUE DES SYMPHONIES DE W.-A. MOZART.

COMPOSITION DE L'ORCHESTRE EN DEHORS DU QUATUOR.	Numéros d'ordre des éditions : A	B	C	D	d	E	F	G	g
30. 2 hautbois, 2 cors, 2 trompettes.	30			Comme l'édition Breitkopf et Härtel.	Comme l'édition Breitkopf et Härtel.	16			
31. 2 hautbois, 2 cors, 2 trompettes.	31					14			
32. 2 hautbois, 2 cors.	32					17			
33. 2 hautbois, 4 cors, 2 bassons.	33					13			
34. 2 flûtes, 2 hautbois, 2 cors, 2 bassons, 2 trompettes.	34					15			
35. 2 flûtes, 2 cors.	35					18			

INDEX THÉMATIQUE.

Composition de l'orchestre en dehors du quatuor.	Numéros d'ordre des éditions : A	B	C	D	d	E	F	G	g
36. 2 hautbois, 2 cors, 1 basson, 2 trompettes.	36			Comme l'édition Breitkopf et Härtel.	Comme l'édition Breitkopf et Härtel.	22			
37. 2 hautbois, 2 cors.	37					20			
38. 2 hautbois, 2 cors, 2 trompettes.	38					21			
39. 2 flûtes, 2 hautbois, 2 clarinettes, 2 cors, 2 bassons, 2 trompettes, timbales.	39	1	1			9		9	10
40. 2 flûtes, 2 hautbois, 4 cors, 2 bassons, 2 trompettes.	40								11
41. 2 hautbois, 2 cors, 2 bassons.	41	9				11		11	8
42. 2 hautbois, 2 cors, 2 bassons, 2 trompettes, timbales.	42					10		6	9

INDEX THÉMATIQUE.

COMPOSITION DE L'ORCHESTRE EN DEHORS DU QUATUOR.	Numéros d'ordre des éditions :								
	A	B	C	D	d	E	F	G	g
43. 2 hautbois, 2 cors, 2 bassons, 2 trompettes, timbales.	43	2	3	Comme l'édition Breitkopf et Härtel.	Comme l'édition Breitkopf et Härtel.	5		10	1
44. 2 hautbois, 2 cors, 2 bassons, 2 trompettes, timbales.	44	4	2			6		3	5
46. 2 hautbois, 2 cors, 2 bassons, 2 trompettes, timbales.	46	6	6			1		8	6
47. 1 flûte, 2 clarinettes, 2 cors, 2 bassons, 2 trompettes, timbales.	47	7	7			3		7	4
48. 1 flûte, 2 hautbois, 2 cors, 2 bassons.	48	3	4			2		5	2
49. 1 flûte, 2 hautbois, 2 cors, 2 bassons, 2 trompettes, timbales.	49	8	8			4		4	3

INDEX THÉMATIQUE.

COMPOSITION DE L'ORCHESTRE EN DEHORS DU QUATUOR.	Numéros d'ordre des éditions : A	B	C	D	d	E	F	G	g
A. 2 hautbois, 2 cors, 2 trompettes.				Comme l'édition Breitkopf et Härtel.	Comme l'édition Breitkopf et Härtel.	19			
B. 1 flûte, 2 hautbois, 2 cors, 2 bassons, 2 trompettes.						23			
C. 2 hautbois, 2 cors, 2 bassons, 2 trompettes.						7		1	
D. 2 hautbois, 2 cors, 2 bassons, 2 trompettes.		5	5			8		2	
E. 2 flûtes, 2 hautbois, 2 cors, 2 bassons, 2 trompettes, timbales.									12
F. 1 flûte, 2 hautbois, 2 cors, 2 bassons, 2 trompettes, timbales.									
G. (Violon et alto solos.) 2 hautbois, 2 cors.						12		12	7

BEETHOVEN.

BEETHOVEN.

Beethoven. Symphonies. (*L'Héroïque et la Pastorale.*)

PARTITIONS.

Édition : A. Farrenc.

PARTIES D'ORCHESTRE.

Éditions : Sieber, Richault.

On rencontre dans les œuvres de Beethoven, — certains critiques l'ont dit, du moins, — « des bizarreries, des étrangetés, des boutades colériques », en un mot, « la chimère » (1).

L'œuvre de Beethoven a été si souvent l'objet d'innombrables écrits, d'études analytiques, d'appréciations judicieuses et savantes, que nous nous bornerons, à notre tour, à ne

(1) Sans parler de l'opinion générale émise à peu près au commencement du siècle, — « c'était bizarre, incohérent, diffus, hérissé de modulations dures, d'harmonies sauvages, dépourvu de mélodie, d'une expression outrée, trop bruyant, et d'une difficulté horrible. » (H. Berlioz.)

traiter que les passages les plus importants : ceux que la critique a eu maintes fois l'occasion de mettre en relief (1).

Les plus curieux et les plus discutables sont, assurément, les passages suivants devenus célèbres : la rentrée du motif, par le cor, dans l'*Héroïque ;* l'appel du cor, après l'orage, dans la *Pastorale;* les deux mesures contestées des basses, dans le scherzo de la symphonie en *ut* mineur, etc.

Les deux premiers points ont entre eux une certaine analogie. Ainsi, dans l'*Héroïque*, une note de second violon est « étrange » ; dans la *Pastorale*, une note de cor produit la « chimère ». Aucun doute, cependant, ne semble permis, à l'égard de l'authenticité de ces deux notes : les Berlioz, les Fétis, les Oulibicheff, les Marr, les Lenz ont reconnu ces particularités comme étant telles que Beethoven les a conçues (2).

Que nous reste-t-il donc à dire? nous avons simplement à signaler un fait, un fait curieux, touchant l'interprétation. Ainsi, on exécute le *la bémol*, trémolo des seconds violons (symphonie héroïque) ; tandis qu'on substitue un *la* au *sol* du cor, dans l'appel, sur l'accord de *fa* (symphonie pastorale).

On pourrait croire, ce semble, que les analyses ont dû être faites d'après une double étude : l'audition des œuvres et la lecture des partitions. Comment se fait-il alors que le désaccord qui règne entre l'interprétation et le texte n'ait point encore été signalé?

(1) Étude pour laquelle le champ des conjectures est ouvert à chacun. (H. Berlioz.)

(2) Voir, entre autres, les analyses de Berlioz ; les exemples donnés par Fétis, dans son traité d'harmonie ; les critiques d'Oulibicheff ; le traité d'harmonie de Réber.

D'un côté cela se comprend. Le *la bémol* des seconds violons (symphonie héroïque) est gravé dans les partitions (1). On le voit; on l'entend. Pour l'œil, comme pour l'oreille, même « étrangeté », même « bizarrerie » ! Mais, il n'en est pas de même pour la *Pastorale*. Les partitions ont un *sol*, tandis que les parties d'orchestre ont un *la*. On lit : *sol;* on entend : *la*. Et l'on juge d'après la note écrite, et non d'après la note qu'on entend !

Pour être grand, admirable, sublime, faut-il que Beethoven soit « étrange, bizarre, incohérent » ? et parce qu'il sera simple, naturel, ne doit-il paraître rien moins qu'ordinaire ? Voyons un peu.

Selon nous, l'idée de l'auteur ne perdrait aucunement de sa valeur, en restituant, à l'accord de *mi* bémol, le *sol* en remplacement du *la* bémol des seconds violons (symphonie héroïque), et cela par la raison que voici :

Beethoven, dans sa première manière, a suivi la route tracée par ses illustres prédécesseurs ; au retour du motif, il a, comme eux, effectué la rentrée à la tonique par la dominante.

Dans l'*Héroïque*, début de sa seconde manière, on voit apparaître le germe d'un principe nouveau; principe qui désormais consistera à établir la rentrée du motif par le motif lui-même, en faisant retour à la tonique par la tonique elle-même non précédée de la dominante. Trait de génie, et qui, sans changer la forme jusque-là prescrite, lui donne une

(1) Les parties d'orchestre gravées par Sieber contiennent un *sol*, ce qui laisse à supposer que, ces parties étant toujours les mêmes dont on se sert à la société des concerts, depuis la fondation, le *sol* a bien pu être exécuté dans le commencement, Habeneck ne dirigeant point sur la partition. Plus tard, pour donner raison à la « chimère », on a substitué au *sol* gravé le *la* bémol de la partition. Cette correction, faite à la main, existe encore aujourd'hui.

noblesse, une grandeur qu'on ignorait alors. On en voit des exemples successifs dans la symphonie en *si* bémol, dans celle avec chœur, etc., etc.

Ainsi, à notre avis, le *sol*, aux seconds violons, sous la rentrée du thème par le cor, se rapporte plus intimement à la nouvelle manière de procéder du maître que le *la* bémol.

Mais ne sait-on pas que ce passage a produit, lors de la première audition, une telle surprise à Ries, qu'il s'est écrié : « Deux mesures trop tôt » ! C'est quatre mesures trop tôt qu'il fallait dire, puisque après l'apparition du thème, par le cor, il se trouve encore deux mesures de dominante ramenant, cette fois, comme d'ordinaire, la tonalité première.

Il est présumable qu'à l'audition, Beethoven, portant toute son attention à la partie de cor, à cette rentrée anticipée qui devait surprendre par un effet nouveau, n'entendit peut-être pas les seconds violons (1), tandis que Ries frappé de la dureté du *la* bémol formant seconde avec les premiers violons, une faute de copie, qui sait? — le signe abréviatif ⁒ employé dans les mesures précédentes, ne peut-il pas avoir été reproduit au-delà de l'intention du maître (2)? — accusa le cor d'entrer trop tôt (3). C'était donner la preuve qu'il n'en-

(1) Il arriva que Beethoven, qui dirigeait lui-même, dans la seconde partie du premier allegro où pendant si longtemps, à cause des notes doublées, on va à contre-mesure, jeta une fois tout l'orchestre tellement hors de mesure qu'il fallut reprendre du commencement. (F. Ries.)

(2) On connaît l'exemple du contraire : l'omission du signe abréviatif ⁒ aux mesures 163, 164, 165 de la seconde reprise du premier morceau de la symphonie pastorale (partie d'orchestre, édition : Richault ; partition, édition : Farrenc, revue par Fétis, et dédiée à la société des concerts). Les pauses des mesures 163, 164, 165, aux premiers violons, ont été observées pendant vingt ans au conservatoire ; en 1848, nous avons fait rectifier cette erreur.

(3) Dans ce même allegro, Beethoven a joué un mauvais tour aux cors ; dans la seconde partie, avant que le thème entre complétement, Beethoven le fait,

tendait rien à l'idée neuve, à la rentrée ingénieuse du motif (1). Aussi, Beethoven lui répondit-il d'un ton brusque : « C'est cela » ! ce qui ne permit pas d'éclaircir le fait (2).

pendant quelques mesures, pressentir par le cor, tandis que les deux parties de violon continuent à tenir un accord de seconde. Cela produit toujours, pour ceux qui ne connaissent pas la partition, le même effet que si le corniste avait mal compté les mesures et était tombé à contre-temps. A la première répétition de cette symphonie, répétition qui fut terrible, mais où le cor fit bien son entrée, j'étais près de Beethoven, et croyant qu'on s'était trompé, je lui dis : « Maudit corniste, ne pouvait-il pas compter ? - Cela sonne abominablement faux ! » Je crois que je fus bien près de recevoir un soufflet. — Beethoven a été longtemps à me pardonner. (F. RIES.)

(1) Ferdinand Ries pouvait avoir alors dix-huit ans à peine.

(2) A considérer les choses d'un peu haut, il est difficile de trouver une justification sérieuse à ce caprice musical. — A quelque point de vue que l'on se place, si c'est là réellement une intention de Beethoven, et, s'il y a quelque chose de vrai dans les anecdotes qui circulent à ce sujet, il faut convenir que ce caprice est une absurdité. — L'auteur, dit-on, y tenait beaucoup cependant : on raconte même qu'à la première répétition de cette symphonie, M. Ries, qui y assistait, s'écria en arrêtant l'orchestre : « Trop tôt, trop tôt, le cor s'est trompé ! » et que, pour récompense de son zèle, il reçut de Beethoven furieux une semonce des plus vives. (HECTOR BERLIOZ.)

« L'intention de cette entrée », dit M. de Lenz, « jugée prématurée par l'oreille, est marquée au coin du génie. » « C'est quelque lointain écho du motif de l'allegro qui vient flotter là éperdu, *in gurgite vasto.* » Non ! disons-nous, c'est la rentrée du motif par le motif lui-même. Et, plus tard, lorsque le germe sera éclos, ce sera non-seulement par le motif, mais encore par la tonalité elle-même que Beethoven fera retour au ton primitif.

« Ces choses (la seconde majeure *la* ♭, *si* ♭, tenue en *tremolo* par les premiers et seconds violons) sont le sourire de la « chimère », dit encore M. de Lenz. « Ce caprice musical est une absurdité, » selon Berlioz; « cela se trouve ou ne se trouve pas sous la plume du génie, » ajoute M. de Lenz.

Il est probable qu'il ne s'agit point ici du procédé nouveau par lequel Beethoven effectue la rentrée du motif.

Ce procédé a été si peu remarqué par les critiques, que M. Oulibicheff répond à M. de Lenz : « Il n'est pas rare d'entendre (en province) des dilettanti chanter dans la tonique, en s'accompagnant avec l'accord de la dominante et *vice versa*.

Dans la *Pastorale*, une anticipation d'accord, si fréquente chez Beethoven, caractérise le deuxième point.

Le cor, à la huitième mesure du *finale* (après l'orage), et à l'extrémité du second temps, a, pour note d'effet, un *sol*, comme dans les arpéges qui précèdent, mais seulement dans les partitions; les parties d'orchestre ont, nous l'avons dit, un *la*. Où est le vrai? où est le faux? Quelle est la note voulue par l'auteur? Ne peut-on pas

« Du faux avec le vrai faire la différence! »

Les théoriciens, les critiques, ont analysé ce passage. Tous proclament le texte des partitions comme étant « tel que l'a conçu Beethoven ». Nul ne tient compte des parties d'orchestre gravées. Cependant, il est juste de revendiquer une certaine notoriété pour ce premier mode de publication : diverses nuances, certains effets n'ont-ils pas été puisés à cette source (1)?

C'est donc avec la note *sol*, malgré l'accord de *fa* exprimé, que l'on a considéré le passage comme réalisant l'expression vraie de la pensée de l'auteur. Et cela malgré « l'étrangeté, la bizarrerie, la chimère » (2)!

Cependant nous présenterons quelques réflexions.

Une anticipation se produit, comme on vient de voir, à l'attaque du thème. Ce procédé ingénieux est naturel chez

(1) La division des violoncelles (con sordini), dans l'andante de la *Pastorale*. — Le maintien de la *neuvième* (l'*ut* syncopé et prolongé pendant deux mesures). dans l'accord de dominante, trois mesures avant l'andante du finale de l'*Héroïque* La plupart des partitions contiennent, en effet, un *si* bémol, en place de l'*ut* syncopé dans les parties d'orchestre : édition Sieber, etc., etc.

(2) Il faudrait surtout que le second violon, les altos et les basses n'attaquassent pas à la huitième mesure le ton de *fa*, par l'accord parfait complet,

Beethoven. Il l'emploie fréquemment et en tire un parti admirable : voir l'adagio de la symphonie avec chœur. Nous sommes donc tout disposé, pour la *Pastorale*, à concevoir l'appel du cor avec le *la*, comme anticipation de l'accord de tonique, plutôt qu'avec le *sol*, note « étrange, bizarre, chimérique ». Et pour quelle raison le cor n'abandonnerait-il pas son arpége, à la quatrième répétition du trait, afin d'emprunter une note d'anticipation de l'idée suivante, lorsque la clarinette en donne l'exemple? En effet, à la dernière exposition du dessin arpégé, la clarinette fait entendre une mutation, un changement de note, pour descendre au degré où le cor est appelé à poursuivre le rhythme précédemment exposé. L'un est le parallèle de l'autre.

En résumé, nous trouvons dans ce passage, d'un côté : ré-

pendant que le cor continue à attaquer le ton d'*ut*, ainsi que l'a fait Beethoven.

(Fétis, *Traité d'harmonie*, page 124.)

Suspension inférieure de la tierce.

Quoiqu'on la rencontre assez rarement, elle présente plusieurs versions d'un très-bon effet. »

(Reber, *Traité d'harmonie*, pages 151, 152.)

Anticipation d'harmonie.

(De Lenz, *Beethoven et ses trois styles*.)

On anticipe d'une note, jamais de plusieurs, et lorsqu'il plait au compositeur de chanter en *ut*, et de s'accompagner en *fa*, c'est là une fantaisie pour laquelle il n'y a plus de nom en musique, excepté celui de chimère.

(Oulibicheff, *Beethoven, ses critiques et ses glossateurs*, page 223.)

gularité, carrure de rhythme, imitation exacte de forme; de l'autre côté : irrégularité, rhythme tronqué, imitation rompue.

Pourquoi tant de bruit, de critique et de colère, lorsqu'une note remise à sa place donne raison aussi bien à la science qu'à l'inspiration? Si, en faisant disparaître ces « étrangetés », ces « bizarreries », on altérait l'œuvre du compositeur; si l'on amoindrissait, en quelque sorte, le musicien, on pourrait y tenir. Mais que ces prétendues « chimères » soient ou ne soient pas, l'œuvre et le maître n'en sont pas moins grands et admirables. C'est en vue de cette conclusion que nous nous sommes permis d'émettre une opinion qui grandit encore, s'il est possible, un génie tel que celui de Beethoven.

Il est dans la symphonie pastorale un point que nous envisagerons d'une manière particulière, c'est-à-dire au point de vue du chef d'orchestre. Cette étude sera peut-être d'un intérêt nouveau. Nous voulons parler d'une mesure, dans l'andante, que l'on trouve, à deux reprises, exposée avec intention par des valeurs dont la disposition anormale éveille un sentiment rhythmique opposé à celui du morceau.

En effet, cette physionomie conçue par le compositeur appartient non à la mesure à 12/8 mais à la mesure à 6/4.

La différence du rhythme, entre ces deux mesures, présente plusieurs côtés qu'il importe d'examiner séparément.

La mesure à 12/8, mesure composée de la mesure simple à quatre temps, est comme celle-ci une mesure *quaternaire*, c'est-à-dire composée de quatre temps, lesquels temps sont binaires dans la mesure simple C et ternaires dans la mesure composée 12/8. La mesure à 6/4, mesure composée de la mesure double à deux temps, est, comme cette dernière, une mesure *binaire* dont les temps sont binaires dans la mesure double 2/2 et ternaires dans la mesure composée 6/4. On ne doit donc pas confondre le sentiment particulier de la mesure avec celui des temps : une mesure peut être quaternaire ou binaire, et avoir les temps binaires ou ternaires; une mesure peut être ternaire, et avoir les temps binaires ou ternaires.

De ces remarques, il ressort que la mesure à 12/8 de l'andante est une mesure *quaternaire* composée de quatre temps ternaires ; que la mesure figurée à 6/4, pour les mesures 39 et 111, est une mesure *binaire* composée de deux temps ternaires.

Pour passer alternativement de l'une à l'autre de ces mesures, en conservant le même mouvement, il faut que la division de chacune des mesures soit parfaitement en rapport, comme par exemple :

D'un côté 1 — 2 — 3 — 4 —
De l'autre 1 — 2 —

de telle sorte que, comme durée, deux temps de la mesure à quatre équivalent à un temps de la mesure double à deux.

Ces conditions premières sont aisées à concevoir. Mais,

par rapport à la nature du mouvement, elles ne sont pas suffisantes. En effet, on sait, par expérience, qu'une subdivision de la mesure, c'est-à-dire une division des temps est nécessaire pour l'ensemble dans un mouvement lent, soit de la part des exécutants, soit de la part du chef d'orchestre ; et du côté des temps, les valeurs n'étant point égales de durée, par rapport à la division binaire ou ternaire, il en résulte que selon la subdivision naturelle de la mesure, les sous-temps, c'est ainsi que nous nommons chacune des divisions du temps, sont plus ou moins multipliés, et ne correspondent pas entre eux, comme par exemple un triolet et deux notes simples. C'est ici qu'apparaissent alors les combinaisons, les difficultés, et qu'une fausse interprétation est dangereuse.

Ainsi, supposons les combinaisons suivantes : 1° l'enchaînement d'une mesure à 6/8 avec une mesure à 2/4, dans un même mouvement lent : les temps seront d'égale durée, mais non les sous-temps ; 2° le passage d'une mesure à 6/8 à une mesure à 3/4, dans un même mouvement par rapport aux croches : les temps seront alors d'inégale durée, tandis que les sous-temps seront égaux, mais ne correspondront point entre eux. C'est alors que les difficultés surgissent.

Quant à l'interprétation vraie du sentiment rhythmique, il est nécessaire d'envisager les divers styles des auteurs, et d'entrer dans quelques explications.

Une forme fréquemment employée par Beethoven, et que l'on rencontre moins souvent chez Mozart et chez Haydn, est celle du rhythme brisé ou contrarié. On nomme ainsi l'alternative d'un rhythme opposé à la division normale de la mesure principale d'un morceau : tel que le rhythme ternaire dans une mesure à deux temps, ou le rhythme binaire dans une mesure à trois temps.

Le déplacement des temps forts et des temps faibles d'une mesure principale est un élément puissant de l'art dont les ressources sont infinies. Il offre la variété, l'intérêt, la richesse, toutes les merveilleuses diversités du rhythme, que l'on rencontre, à un si haut degré de perfection, chez les modernes.

Mais, ces combinaisons ingénieuses ne nous touchent qu'autant que le sentiment et non la recherche a guidé l'auteur dans leur mise en œuvre. Ainsi, par exemple, tel trait, tel passage, en opposition de rhythme avec la mesure énoncée, a-t-il été conçu par le compositeur, mentalement, et momentanément, dans sa mesure respective? (S'il en était ainsi, on pourrait changer de mesure, à volonté, comme dans les exemples qu'on verra plus loin.) Non! Le sentiment dominateur de la mesure principale n'a certainement point été un seul instant abandonné, et cela, quelles que soient les apparences contraires.

L'exécution doit, par conséquent, maintenir comme principe le sentiment propre de la mesure principale, tout en exprimant, selon certaines exigences d'ensemble, les divisions relatives au rhythme qui lui est opposé.

Cette conséquence naturelle nous amène à définir logiquement la manière de battre la mesure à l'orchestre pour l'exécution du passage précité. Il est évident que, eu égard au principe et au sentiment de la mesure à 12/8 exprimée, c'est quatre temps qu'il convient de battre (sans parler des légères et imperceptibles subdivisions que l'on jugera nécessaires), si l'on veut conserver exactement le même mouvement, maintenir rigoureusement le sentiment de la mesure indiquée, tout en laissant apparaître une physionomie nouvelle ; si l'on veut empêcher les accents de se produire involontairement de deux en deux croches (comme cela arrive en battant à 6/4), et, par conséquent, la lourdeur qui en résulte; enfin, si l'on reconnaît ce caractère vague affecté à la mesure par l'incertitude du rhythme.

La flexibilité de mouvement que le chef doit avoir pour l'indication, à l'orchestre, de ce passage, en valeurs égales, mais disposées contrairement à la division naturelle des temps de la mesure, « cette flexion du poignet », si justement recommandée par un habile théoricien, nous amène à penser qu'il existe des partisans du bâton, en remplacement de l'archet, pour diriger ! Il serait curieux d'examiner d'un côté les raisons qui déterminent cette préférence, de l'autre, les avantages que l'on trouve à cette substitution. Un auteur-conducteur s'est prononcé, à ce sujet, dans un exposé de la théorie du chef d'orchestre qu'il explique selon son propre sentiment de l'art de conduire. On lit, en effet, dans Berlioz :

« Le chef d'orchestre se sert ordinairement d'un petit bâton léger, d'un demi-mètre de longueur, et plutôt blanc que de couleur obscure (on le voit mieux) qu'il tient, à la main droite, pour rendre clairement appréciable sa façon de marquer le commencement, la division intérieure et la fin de chaque mesure. L'archet employé par quelques chefs violonistes est moins convenable que le bâton. Il est un peu flexible; ce défaut de rigidité et la petite résistance qu'il offre en outre à l'air à cause de sa garniture de crins, rendent ses indications moins précises. »

Berlioz a parfaitement raison, pour ce qui concerne les chefs d'orchestre non violonistes : c'est d'ailleurs très-sage et toujours prudent de ne pas s'exposer à tenir, en main, même une partie d'un instrument quelconque dont on ne joue point; on ne peut s'imaginer l'embarras, la gêne, la gaucherie de celui qui a cette témérité. D'après la manière de porter un étui, il est aisé, déjà, de s'apercevoir si la personne sait jouer du violon. Cette remarque, nous l'avons entendu faire par un observateur des plus pénétrants.

Quant aux chefs d'orchestre violonistes, Berlioz se trompe complétement. Les défauts de l'archet qu'il signale sont, au contraire, des qualités auxquelles il était étranger, et dont il ne savait, par conséquent, faire un judicieux emploi. La question de l'archet ou du bâton ne saurait être sérieusement présentée aux chefs violonistes. Nous ne doutons point de leur sentiment à cet égard. C'est, comme en fait d'escrime, comparer l'épée au briquet.

Un exposé de divers exemples du rhythme brisé puisés dans les œuvres symphoniques des trois grands maîtres, Haydn, Mozart, Beethoven, fera apprécier l'opinion émise par nous sur un sujet qui, à notre connaissance, n'a point encore été traité.

Haydn.

Réalisation fausse.
(Menuet de la 51e symphonie.)
Texte.
Réalisation fausse.
(Menuet de la 53e symphonie.)
Texte.
Réalisation fausse.

Mozart.

(1) Cette physionomie distincte affectée à la mesure s'explique parfaitement, selon nous, par la nuance elle-même qui, de cette manière, ne présente aucun doute. En effet, le *forte* (pour mieux dire la nuance relative, le *sforzando* ou appui expressif) doit comprendre les deux notes syncopées, le piano commençant aux deux croches qui suivent : on comprend alors l'importance des deux noires exprimant si clairement les deux notes posées de la phrase mélodique.

Cependant cette intention est méconnue, et, à l'exécution, on interprète ce passage de la façon suivante :

Beethoven.

(Premier morceau de la symphonie héroïque.)

Texte.

Réalisation fausse.

(Scherzo de la symphonie en *si* bémol.)

Texte.

Réalisation fausse.

(Andante de la symphonie en *ut* mineur.)

En respectant le sentiment rhythmique de chacune des mesures principales énoncées dans le texte de ces différents exemples, on détermine le véritable caractère du rhythme brisé conçu dans l'esprit des auteurs. Autrement, en exprimant par une réalisation fausse ce qui n'est point indiqué, c'est-à-dire en substituant, soit pour l'œil, soit pour l'oreille, à chaque rhythme brisé, la mesure qui lui est propre, on dénature complétement la pensée du compositeur.

Beethoven. « Discussion sur la suppression de deux mesures dans le scherzo de la symphonie en *ut* mineur. »

Nous revenons aujourd'hui sur une discussion qui dure depuis près d'un demi-siècle. Après tout ce qui a été dit, une remarque reste à faire. C'est une excuse pour reprendre un sujet auquel on trouvera peut-être un intérêt nouveau.

On lit dans Schindler (1) : « Pendant le festival du Bas-Rhin, qui eut lieu à Aix-la-Chapelle, en 1846, sous la direction de Mendelssohn, on parla d'une lettre de Beethoven adressée aux éditeurs de la symphonie en *ut* mineur, Breitkopf et Härtel, lettre dans laquelle le maître demande la suppression de deux mesures du scherzo qu'on avait laissées dans les parties imprimées, et qu'il qualifie de *grosse faute!* Cela se rapporte à la rentrée du motif principal, après l'*ut majeur*.

(1) *Histoire de la vie et de l'œuvre de Beethoven*, p. 377.

Voici cet endroit avec les deux mesures marquées en astérisques :

« Dans les deux mesures en question, on voit que le maître a écrit la même phrase d'*une autre manière* que dans les deux mesures suivantes. Ce sont ces deux mesures qui devaient être supprimées, selon la volonté du sublime compositeur. »

« La publicité donnée par Mendelssohn à la lettre de Beethoven, trente-six ans après la composition de l'œuvre, n'a pas manqué d'exciter un vif intérêt. »

Nous avons vu pareille émotion se produire, lorsque Rossini modifia le trille du violoncelle solo dans l'ouverture de Guillaume-Tell, dont il sera parlé plus loin.

« Mais cet événement inspira de la méfiance à la majorité des musiciens présents ; plusieurs chefs d'orchestre se prononcèrent pour le maintien des deux mesures... L'illustre Habeneck écrivit qu'il n'oserait point abandonner les deux mesures, qu'il s'exposerait à un orage violent de la part de l'orchestre du Conservatoire.

« L'existence de la lettre de Beethoven, probablement de l'année 1809, ne peut être contestée sans nul doute (2),

(1) Ces deux mesures sont supprimées dans la nouvelle édition de Rieter-Biedermann (Leipzig, Winterthur, 1862).

(2) Cependant Ries n'en fait aucunement mention.

et elle devrait être publiée en fac-simile. Mais il est possible que le maître en ait écrit une autre après, en sens contraire, par laquelle il pouvait *faire grâce* aux deux mesures supprimées, étant assuré qu'elles faisaient un bon effet et qu'elles étaient bien attachées. De tout cela, il aura oublié de prévenir l'éditeur. Cette symphonie fut d'ailleurs très-souvent répétée et exécutée en sa présence, depuis sa publication jusqu'à la mort de Beethoven, pendant dix-huit ans, sans qu'il ait dit un mot sur cet endroit. » ..... « Comment pouvait-il laisser faire les mesures en question, après s'être prononcé contre elles? La tradition prouve que Beethoven a changé d'idée sur ce point. »

« Cette question peut être résolue en dernier lieu si l'on considère ce qui suit. — En examinant les manuscrits des grands ouvrages de Beethoven, on y aperçoit souvent de vrais combats pour les périodes rhythmiques; on y trouve fréquemment deux, trois ou quatre mesures effacées, puis, au dessus, on lit ces mots : « supprimé », « c'est bien », « cela reste », etc. « Si l'on compare, après cela, les manuscrits corrigés avec les imprimés, il s'ensuit que les endroits effacés sont redevenus bons. — En considérant le cas présent avec la connaissance de cette manière d'agir pour formuler un jugement critique, il nous paraît évident que les deux mesures supprimées d'abord, furent rétablies et reconnues pour bonnes plus tard. »

Maintenant, si l'on veut nous permettre d'ajouter une remarque, la présence des deux mesures contestées s'expliquera logiquement. Ainsi, en examinant attentivement le passage dont il s'agit, on voit que Beethoven a eu soin d'exposer le motif du scherzo, à son début, avec une grande simplicité;

d'observer une carrure des plus rigoureuses; de lier et de soutenir toutes les notes de la phrase. A la rentrée, le thème est présenté sous deux aspects différents : 1° par des notes soutenues et liées ; 2° par des notes détachées et portées. La première période contient deux membres de phrase, ayant entre eux une similitude de forme. En outre, on trouve une symétrie, une disposition semblables des diverses valeurs affectées aux notes, comme au commencement du scherzo. Le premier tronçon de chaque membre de phrase a des notes soutenues, le deuxième des notes brèves; ce contraste amène admirablement le *pizzicato* qui suit. A la plainte succèdent les sanglots!

Cette disposition de valeurs est évidemment motivée. Comment alors ne pas reconnaître la fonction des deux mesures signalées? — soit pour reproduire, à la rentrée, au moins trois mesures du thème (sans compter la mesure de la tenue ajoutée qui précède), dans sa forme première, c'est-à-dire *sostenuto ;* — soit pour établir un contraste, entre les notes soutenues et détachées, à l'aide d'une répétition, de deux en deux mesures, du même trait, ainsi que cela se produit dans le second membre de phrase.

Mais supprimons pour un moment ces deux mesures. La carrure sera, comme au début, rigoureuse, dans chaque membre de phrase (en retranchant toutefois la mesure de l'*ut* blanche pointée), et l'opposition des valeurs sera produite alors par l'alternative du *sostenuto* et du *staccato*.

Eh bien! le contraste, certainement voulu par l'auteur, est-il suffisamment exprimé de cette manière? Le *pizzicato* qui suit peut-il être considéré comme une conséquence naturelle du *staccato*, le *sostenuto* ayant moins de développement, et l'opposition de valeurs étant par conséquent moins accusée?

Tandis qu'avec l'appui de la première note prolongée, avec les trois mesures du thème *legato*, après lesquelles viennent les deux mesures d'écho, en détaché, avec la reprise du *sostenuto* auquel succède de nouveau le *staccato*, l'intention du maître est, selon nous, complétement réalisée, et la conduite des périodes est des plus habiles et des mieux raisonnées.

Quant à la mesure ajoutée au thème (l'*ut* blanche pointée, liée à l'*ut* noire), elle confirme notre appréciation. On ne peut lui donner d'autre raison d'être que celle d'établir le *sostenuto* d'une manière plus sensible, avant de l'opposer au *pizzicato*; car, au point de vue de la carrure, elle est inutile, les phrases qui précèdent la rentrée du motif étant parfaitement carrées.

En définitive, il est rationnel de retrouver, à la reprise du thème *pizzicato*, le développement donné au premier membre de phrase de la première période. En effet, on compte dans la première période un nombre égal de mesures (à l'exception de la tenue que le *pizzicato* ne pouvait rendre). Et cette pondération s'obtient, d'un côté, par la présence des deux mesures contestées; de l'autre côté, par la reproduction des notes *ut* ♯, *ré* qui élargissent la carrure.

Ne peut-il pas en être de ces deux mesures contestées

de Beethoven, comme des quatre mesures de Mozart, dans sa symphonie en *sol* mineur, seulement avec cette différence que Mozart écrivit de deux manières différentes la même pensée, laissant à choisir l'une des deux instrumentations, tandis que Beethoven, entraîné par son idée mélodique, la reproduit d'abord textuellement, puis lui donne une physionomie nouvelle qu'il adopte alors comme exposé d'un rhythme nouveau dont les conséquences sont merveilleuses.

On trouve, selon nous, dans cette répétition mélodique, le point de départ de ces reprises fréquentes, de ces parcelles de mélodie successivement reproduites, d'un principe nouveau, enfin, dont l'éclosion devait se manifester d'une manière si prodigieuse dans la symphonie avec chœur (premier morceau).

Mais est-il bien certain que les intentions du maître soient telles que nous les supposons? Nos efforts pour les découvrir répondront du moins en notre faveur. Mais nous demandons, à notre tour, que penserait Beethoven s'il voyait, par exemple, le *poco ritardando* qui accompagne le motif du scherzo, remplacé par un MOLTO RITARDANDO?... C'est pourtant ce à quoi on est arrivé aujourd'hui, à l'exécution, quand cela n'atteint point au MOLTISSIMO RITARDANDO!

Il n'a été nullement question jusqu'ici, croyons-nous, de la reprise du *finale* (allegro, *ut* majeur) indiquée, dans la partition et les parties d'orchestre, par des mesures destinées spécialement à la première et à la seconde fois, laquelle reprise nous n'avons, du reste, jamais entendu exécuter deux fois. Cependant l'ombre d'un doute ne peut se produire sur ce point; quant à l'intention de l'auteur, elle est des plus précises. Telle a été sa pensée première.

Beethoven aurait-il changé d'avis? On ne le dit point, et

nous ignorons comment ce *finale* était interprété sous sa direction. Il nous paraît aujourd'hui peu probable, qu'après l'effet produit par la grande explosion de l'attaque du majeur, Beethoven ait persisté à maintenir une disposition observée, peut-être, en vertu de l'usage consacré, quand plus loin, à la rentrée du majeur, il a si judicieusement conçu une forme différente pour le retour du thème principal.

Ici, qu'on nous permette d'exprimer un sentiment personnel.

Cette seconde attaque du majeur, on l'a jugée généralement comme présentant une conception inférieure à la première, et d'un effet moins saisissant. La faute en est, selon nous, à la manière de l'interpréter, et peut-être aussi de l'exécuter. Ainsi l'intention du maître n'a pas été de recommencer avec similitude l'entrée si admirablement ménagée, et en même temps si grandiose, de la marche triomphale; mais bien de laisser concevoir à l'auditeur le désir, et plus encore l'attente, de la reproduction du même effet. Mais, après en avoir fait naître l'idée, tout à coup Beethoven coupe court, et, par un crescendo que son peu de durée doit rendre formidable, arrive comme un tonnerre à cette seconde explosion anticipée!

Deux exemples, bien que de nature opposée (suppression et addition) trouvent naturellement place ici : c'est, d'un côté, le désaveu de l'auteur, au sujet de quatre mesures *inventées;* de l'autre, au contraire, l'indication formelle d'une mesure *ajoutée* par le maître lui-même.

On lit dans Ferdinand Ries (1) :

(1) Notice biographique sur L. van Beethoven, par le Dr F.-G. Wegeler et Ferdinand Ries.

« Dans la sonate pour piano en *sol* majeur (œuvre 31), à la fin du premier allegro, Nageli avait intercalé quatre mesures de son cru ; après la quatrième mesure de la dernière reprise, on avait ceci :

« Quand je jouai, dit Ries, ces mesures, Beethoven se leva en fureur, accourut près de moi et me chassa presque du piano : « Où est cela? De par le diable! » — On peut à peine se figurer son étonnement et sa colère quand il le vit imprimé. »

— Un fait analogue, bien que moins irrévérencieux envers le maître, est resté dans notre mémoire : c'est, pareillement, dix-huit mesures, empruntées cette fois à Beethoven et intercalées dans le finale d'une de ses sonates. Voici comment.

En 1857-58, on fit, à la société des concerts, l'essai d'une symphonie *nouvelle* de Beethoven, fabriquée de différents morceaux appartenant à diverses sonates pour piano, et orchestrée par le chef de l'école française, Auber. Le *finale* de la sonate, op. 2 (1), était maintenu comme *finale* de la symphonie. Huit mesures avant la fin, se trouvaient intercalées les dix-huit mesures suivantes, extraites du *finale* de l'*appassionata*, op. 57, la péroraison du morceau n'ayant point paru apparemment assez développée.

On voit quelle est l'influence de la vraie place des idées et

(1) Le prestissimo en *fa* mineur transposé en *fa* dièse.

du rhythme respectif de chacune d'elles, par ce déplacement d'une pensée ainsi transformée.

Dans l'original, cette pensée est exprimée comme il suit :

A l'égard du second exemple, F. Ries s'exprime ainsi :

« Il se passa un fait très-digne d'attention au point de vue de l'art, au sujet d'une des dernières sonates de Beethoven pour piano seul (œuvre 106, en *si* bémol majeur, avec la grande fugue). Gravée, elle a quarante et une pages. Il m'avait envoyé cette sonate à Londres pour la vendre ; elle devait paraître dans cette ville en même temps qu'en Allemagne. La gravure était terminée et j'attendais de jour en jour une lettre qui me fixerait le jour de la publication; je la reçus, mais avec cette singulière indication : « *Mettez au commencement de l'adagio, c'est à la neuvième ou dixième page de la gravure, ces deux notes pour faire la première mesure.* »

J'avoue qu'involontairement je fus saisi de cette idée : « Est-ce que vraiment mon cher ancien maître aurait le cerveau un peu dérangé? » Le bruit s'en était souvent répandu. Envoyer une dépêche pour mettre deux notes à un si grand ouvrage, complétement travaillé, achevé depuis six mois! Mais quel fut mon étonnement quand j'en vis le résultat! Jamais des notes n'ont eu autant d'effet et de puissance, ajoutées à un morceau terminé. On ne peut s'en faire d'idée, même quand on les voit au commencement de la composition. Je conseille à tous les amateurs d'essayer le commencement de cet adagio sans ces deux notes, puis de le reprendre avec ces mêmes notes qui forment maintenant la première mesure. Je ne doute pas qu'ils ne partagent ma pensée. »

Beethoven. **Gli Uomini di Prometeo.**
Ballet en trois actes de Vigano.

PARTITIONS.

Copies : Collection des œuvres complètes de Beethoven (bibliothèque de M. Deldevez); Bibliothèque de la société des concerts.
Édition : Breitkopf et Härtel (Leipzig).

« Ce ballet, dit M. de Lenz, fut représenté la première fois en 1799, à Vienne, et sur le théâtre de la Scala, à Milan, en 1813. »

D'après M. le docteur Sonnleithner, « la première représentation du ballet de *Prométhée* eut lieu au théâtre de Burg, le 28 mars 1801. Dans le courant de cette année, et dans l'année suivante, ce ballet fut donné assez souvent. Il disparut ensuite de la scène et ne fut repris qu'en 1843, au théâtre de la porte de Carinthie, sous son titre primitif, en deux actes et six tableaux, mais, cette fois, avec la musique de Beethoven, de Mozart et de Joseph Haydn. On n'avait conservé de la partition de Beethoven que les morceaux les plus intéressants. Ce ballet se maintint en scène pendant plusieurs années. En 1843, on donna, le 22 mai, au théâtre de la Scala, à Milan, un ballet, sous le même titre, de Salvatore Vigano; ce ballet différait beaucoup du premier travail de Vienne. La musique était en partie de Beethoven, de Mozart et d'autres compositeurs. » Toute la musique du ballet parut, de 1802 à 1805, en divers arrangements. — La partition d'orchestre n'a été gravée qu'en 1865, par Breitkopf et Härtel, à Leipzig.

Lorsque, en 1843, nous eûmes l'idée de collectionner les œuvres complètes de Beethoven, il nous fut adressé un envoi de la musique du ballet de *Prométhée*, arrangée pour quatuor, ainsi que pour piano et violon, par Zulchner. Nous en fîmes immédiatement l'essai.

Plus tard, en 1850, nous demandions, en Allemagne, une copie de la partition d'orchestre. Notre désir était de la communiquer à Girard (1), comme nous avions fait précédemment de la cantate de Beethoven, qu'il fit traduire et exécuter à la Société des concerts.

Nous étions dans l'attente d'un envoi de musique, lorsqu'un jour, à l'une des répétitions d'essai, au Conservatoire, on fit

(1) Chef d'orchestre de la Société des concerts.

la lecture de plusieurs fragments de *Prométhée*. Nous avions trop tardé, paraît-il, pour réclamer au ministère le dépôt de la partition, et *Prométhée* s'étant trompé d'adresse était passé dans les mains de Girard.

Un fait assez curieux se produisit à cette audition. La partition remise à Girard, n'étant point cousue, et, de plus, mal en ordre (1), il en résulta, dans un morceau, à la péroraison, un enchaînement de phrases qui nous parut étrange. Nous découvrîmes aussitôt que l'ordre de la pagination avait été interverti. Mais, le plus joli de l'affaire, c'est que l'enchaînement des pages déplacées se rencontrait à merveille avec la tonalité et la résolution réclamées par l'oreille, en sorte qu'à la première exécution (2 avril 1854), le fragment fut ainsi interprété au concert.

L'année suivante (25 mars 1855), eut lieu, après avoir nous-même signalé l'erreur, la seconde audition. Mais, cette fois, on avait eu soin de supprimer le *finale* dans lequel se trouvait le déplacement de la pagination. Ce moyen offrait une garantie certaine.

Enfin, quelque temps après, nous reçûmes l'envoi d'une copie toute fraîche de la partition d'orchestre du ballet de *Prométhée*.

Ce retard nous ménageait une nouvelle surprise.

La partition qui nous a été adressée, contient, dans certains endroits, une instrumentation différant avec celle de la partition envoyée antérieurement à Girard (2) ; en outre, on y trouve une partie de clarinette solo, là où dans l'autre partition règne le silence, etc., etc.

(1) Même encore aujourd'hui.

(2) Aujourd'hui, cette partition appartient à la Société des concerts.

Ce point plus délicat encore que ceux dont nous avons parlé est aussi plus difficile à résoudre. En effet, sur quoi peut-on fonder une opinion? D'après quels indices est-il permis d'invoquer le texte original? Les parties d'orchestre n'ont point été gravées dès l'origine, et les copies de la partition ne sont pas d'accord entre elles!

Les éditeurs Breitkopf et Härtel affirment cependant que, pour leur édition, les œuvres de Beethoven ont été « collationnées sur les manuscrits originaux et comparées avec le texte des premières éditions publiées, dont la plupart, *comme on le sait*, ont été corrigées de la main même de Beethoven » ; que là, par conséquent, est « l'expression exacte de la pensée du maître ».

Mais, deux choses nous surprennent néanmoins : c'est, d'une part, le faisceau merveilleux des manuscrits réunis (1); de l'autre, cette exactitude assurée des originaux, de ces innombrables pages formant tant de chefs-d'œuvre!

Mais poursuivons.

A l'égard de ce point unique, touchant le ballet de *Prométhée*, on peut supposer avec raison que certains changements peuvent avoir été apportés par l'auteur; que l'instrumentation a pu être retouchée, soit à cause de certaines conditions d'orchestre, soit pour répondre à une nouvelle mise en scène : le livret du ballet n'étant point arrivé jusqu'à nous, il est impossible d'avoir une idée exacte de l'intention scénique du compositeur. Cette hypothèse peut être admissible, ce nous semble, par suite des exemples que l'on rencontre. Ainsi, sans

(1) Beethoven n'attachait aucun prix à ses manuscrits autographes; le plus souvent, sitôt qu'ils avaient été gravés, ils étaient jetés dans une chambre voisine ou par terre au milieu de sa chambre avec d'autres morceaux de musique,

F. Ries.

sortir du sujet que nous traitons en ce moment, nous pouvons citer la version si étrange, opposée au texte des partitions d'orchestre (n° 5, du ballet de *Prométhée*), que nous avons trouvée la première fois dans l'arrangement de Zulner, pour piano et violon, et qui depuis a été reproduite fidèlement dans les partitions pour piano seul (1). Nous n'avons, cependant, jamais considéré ce déluge de notes, en remplacement de l'idée simple, expressive, émise dans les partitions d'orchestre, autrement que comme une transformation de la part de quelque amateur trouvant la partie de harpe par trop ménagée et sans effet, ou ayant sous les doigts et sous les pieds une formule toute prête pour le cas échéant d'un accompagnement quelconque à exécuter. Ces libertés inqualifiables, nous les avons déjà rencontrées et signalées dans cette étude. Elles prouvent, de la manière la plus irrévérencieuse, les tendances qu'ont toujours eues les solistes et les chanteurs, à torturer un auteur pour obtenir, quand ils ne peuvent les imposer, des changements dont celui-ci est le chef-d'œuvre du genre.

(1) Celle entre autres du « Répertoire des morceaux d'ensemble exécutés par la Société des concerts du Conservatoire, arrangés très-soigneusement, et édités par Schonenberger ».

Violon.
Piano.
Violon.
Piano.
Violon.
Piano.
Violon.
Piano.
etc.

Nous devons faire connaître la nomenclature des morceaux exécutés au Conservatoire.

L'*ouverture* suivie de l'introduction (*Tempesta*) amenant, à l'aide d'une transposition de ton (opérée par Leborne (1)) et d'un point d'orgue de harpe (calqué par Dretzen (2) sur celui de la Favorite), l'*adagio-allegretto*, n° 5, en *si* bémol, lequel était enchaîné naturellement au *finale* (*mi* bémol).

De tout cela, il n'est resté, au répertoire de la Société, que l'*adagio-allegretto* (n° 5).

Dans ce morceau se rencontrent plusieurs variétés d'instrumentation : celles, entre autres, qui se trouvent dans notre partition, touchant certains passages de basson, alors doublés à l'octave par la clarinette, etc., etc. Mais la plus remarquable est assurément la partie inédite de clarinette solo, en imitation et en dialogue avec la flûte, au début de l'adagio.

(1) Ancien professeur de composition au Conservatoire.

(2) Ancien premier harpiste à l'Opéra.

Analysons ce morceau.

L'*adagio* (n° 3) se rapporte évidemment au dialogue. Les imitations fréquentes des instruments solos, la nuance *piano*, la réserve extrême de l'accompagnement *pizzicato*, disposé de manière à ne point distraire l'intérêt qui s'attache aux solistes, tout répond à merveille à l'idée d'une scène dialoguée (1).

(1) *Prométhée à Minerve.*

Et tu es à mon esprit ce que mon esprit est à lui-même ; dès le commencement tes paroles furent pour moi la lumière céleste? Il me semblait toujours que mon âme se parlait, se révélait à elle-même, qu'en elle résonnaient des harmonies innées sorties de ses intimes profondeurs ; lorsqu'il me semblait à moi que je parlais, parlait ma déesse, et tout en m'imaginant entendre une déesse par-

Le début de la flûte seule, et sans imitation, est au contraire en désaccord avec notre poëme imaginé, bien que cependant le dialogue ne tarde pas à s'établir plus loin entre le basson et la clarinette.

Envisagé ainsi, le thème, exposé par la flûte seulement, ne nous paraît pas être complet, à l'exception des deux premières mesures. Quant à ce qui concerne les mesures suivantes, ces parcelles de mélodies, ces sortes d'échos qui se succèdent par intervalle, et toujours au temps faible, tout cela n'est pas du domaine du chant, en fait de partie obligée, mais bien de l'accompagnement, ou partie secondaire, avec l'adjonction de la partie inédite la mélodie se développe en passant de la flûte à la clarinette; elle apparaît alors dans son ensemble dès l'exposition du dialogue.

Tel est notre sentiment. Nous l'exposons ici après nous être posé la question suivante :

Une partie solo, mélodique, peut-elle être supprimée ou ajoutée sans que cela altère ou dénature la conception de l'idée réelle?

Faisons-en l'expérience.

Les deux parties chantantes (flûte et clarinette) étant données, supposons qu'on ait supprimé la partie de flûte. Il en résulterait une absence de mélodie pour les deux premières mesures, mais non pour les mesures suivantes où la clarinette tient, par le fait, le premier rôle de l'idée mélodique; tandis que, sans la partie de clarinette, la phrase, au début,

ler, moi-même je parlais... et de la sorte, avec toi, avec moi, toujours toi et moi ne formant qu'un, je t'ai voué un amour éternel!

Goethe, *Prométhée*, *Fragment dramatique*.

est mélodique, assurément; mais après, ce n'est plus que le simple ornement d'une mélodie absente.

En résumé, les deux parties réunies forment un tout; elles sont combinées de manière à se compléter l'une par l'autre. Elles ont chacune, alternativement, soit la mélodie, soit l'ornement mélodique, et sont, à n'en point douter, l'expression vraie de l'idée réelle conçue par l'auteur.

Maintenant parlons de l'erreur occasionnée par la pagination de la partition qui dans l'ordre des choses nous était destinée. Remarquons, en passant, que si ces deux partitions eussent été remises à leur adresse respective, il en serait aujourd'hui tout autrement. Les nombreuses auditions du Conservatoire auraient établi une tradition autre que celle à laquelle on est habitué, et notre opinion, à l'heure qu'il est, serait confirmée, bien certainement, par le succès. Mais revenons à l'erreur qui s'est produite.

Le *finale* du ballet renferme, comme on sait, deux motifs empruntés aux contredanses de Beethoven. Le premier, en *mi* bémol, sert également de variation au thème du dernier morceau de la symphonie héroïque, ce qui a été l'objet de sévères et amères critiques. La simplicité, la noblesse du thème, le caractère élevé, le style fugué de ce *finale* n'ont point trouvé grâce devant des juges inflexibles.

La péroraison du *finale* du ballet est formée de deux strettes, la seconde plus serrée que la première, et toutes deux conçues, comme de raison, dans le ton primitif du morceau, c'est-à-dire en *mi* bémol. Ces deux strettes, par une coïncidence des plus curieuses, commençaient chacune, eu égard à la disposition de la copie, à une page différente. Une des feuilles ayant été pliée par mégarde en sens contraire, la seconde strette, la plus mouvementée, apparaissait avant la première. Celle-ci était alors d'un calme, d'un modéré accablant, et produisait par conséquent un ralentissement opposé à la progression du mouvement *accelerando* de la cadence finale. Cette conclusion, comme on voit, ne concluait pas.

Beethoven. **Egmont.** Ouverture et entr'actes.

PARTITIONS.

Éditions : Breitkopf et Härtel (Leipzig); Richault (Paris).

PARTIES D'ORCHESTRE.

Édition : Breitkopf et Härtel.

Encore un point difficile à résoudre! Il s'agit de la présence d'une note de hautbois, au deuxième temps de la mesure 58 du larghetto en *mi* bémol (Entr'acte II, n° 3). Cette note a été l'objet d'une polémique courtoise entre Girard et l'auteur de cet opuscule.

Nous étions, à cette époque, et nous sommes encore aujourd'hui, contraire à cette note isolée qui nous produit l'effet d'une amplification provenant du sentiment individuel de quelque soliste dont le zèle est à la fois peu respectueux et mal entendu.

La mesure dont il est question se trouve réalisée de la

manière suivante, dans la partition (Breitkopf et Härtel) ainsi que dans les parties d'orchestre.

On ne rencontre pas, que nous sachions, dans l'œuvre de Beethoven, un exemple analogue à celui-ci : une note placée entre deux accords auxquels elle est étrangère, sans soutien, exposée de façon à troubler le silence intentionnel exprimé dans les parties.

Cette note, au second temps, le *sol* du hautbois, est, paraît-il, une appogiature du *fa* qui suit. Mais, pour qu'une note soit réellement appogiature, il faut, ce semble, que cette note se trouve en contact, comme dissonance, avec les notes de l'accord dans lequel se produit le retard de la consonnance, ce qui n'a pas lieu ici. Autrement, une note privée de toute harmonie ne peut être considérée comme appartenant plutôt à l'accord qui suit qu'à l'accord qui précède. Cette note isolée ne peut qu'éveiller le sentiment d'une harmonie non exprimée, et c'est précisément ce qui arrive dans le cas présent.

Comment, d'un autre côté, concevoir cet écart de la part d'une note d'accord revenant sur elle-même? Comment le *sol*, soi-disant appogiature, aurait-il été confié à un seul instrument (le hautbois), alors qu'il pouvait être doublé naturellement par le cor? L'accent plus marqué, par le doublement à l'octave, ne laisserait à l'esprit aucun doute, il est vrai, mais ne donnerait toujours pas à la note une raison d'être suffisamment justifiée. Le *sol* doublé réclamerait plus impérieusement encore l'appui d'un accord consonnant. Et si l'on prête, pour un moment, aux notes brèves des accords, une valeur soutenue, comment envisagera-t-on le second temps ?

Évidemment, ainsi qu'il est réalisé dans la seconde version. Mais ce n'est pas là l'idée de l'auteur.

Quant au texte énoncé plus haut, il ne peut être maintenu rigoureusement qu'en y ajoutant mentalement un accord intermédiaire non exprimé.

A moins que l'on ne préfère la correction qui se trouve dans la partition piano et chant éditée par Richault.

On conviendra que c'est vouloir à toute force du mouvement quand même et n'importe comment!

L'idée d'une méprise, soit du copiste, soit du graveur,

soit encore de la part de l'exécutant, n'est donc jamais venue à la pensée? Un soupir mal fait a peut-être été pris pour une note, pour ce *sol* inexplicable? Qui sait?

Mais, si « le génie fait parler le silence même », c'est bien, assurément, en cet endroit. Le caractère du sujet, la noblesse des idées, la puissance de l'harmonie, la forme ternaire du rhythme, la disposition des accords plaqués et de valeur égale, mais brève, tout indique, dans cette mesure, le sentiment du silence qui est d'un effet saisissant.

Lorsque Beethoven a voulu remplir le vide d'une mesure ternaire, au deuxième temps, il l'a fait, comme, par exemple, au début de ce même *larghetto*. Mais l'intérêt que donne la partie de timbales est-il à comparer avec l'intention plus que douteuse de cette note abandonnée à elle-même?

Ces remarques seront-elles de nature à résoudre la question? Serons-nous enfin délivré de cette erreur qui a jeté le trouble jusque dans le sein de la Société des concerts? L'avenir nous l'apprendra!

Une correction que l'on ne saurait non plus qualifier nous vient à la mémoire, à propos de celle que nous avons trouvée dans *Prométhée :* c'est la version gravée dans quelques éditions de la sonate pour piano, op. 81, *les Adieux, l'Absence et le Retour*, en remplacement du texte original. M. Oulibicheff ne trouve « d'excessivement remarquable », dans cette sonate, « qu'un sourire de la chimère, mais un sourire comme nous n'en avons pas encore vu ». Cette pièce de circonstance et d'un style très-avancé est, dit-il, « peu jouable sur le piano », apparemment à cause de ces « adieux déchirants que le musicien a voulu peindre » par des échos dont « l'harmonie crie au meurtre ; mais l'esthétique est satisfaite ».

Cette sonate nous conduit à la *pathétique*, dans laquelle on substitue parfois le *fa* au *mi*, à la basse, à la deuxième mesure de l'introduction.

Beethoven. **Symphonie en ré.** (N° 2.)

PARTITIONS.

ÉDITIONS : Farrenc, Launer (Paris), Breitkopf et Härtel (Leipzig), Simrock (Bonn).

PARTIES D'ORCHESTRE.

ÉDITIONS : Sieber (Paris), Simrock (Bonn).

Nous avons parlé déjà de « l'uniformité » qui règne dans le texte des partitions de certaines éditions modernes d'œuvres classiques, concernant la reproduction soit des idées mélodiques ou harmoniques, soit des nuances, soit des articulations, des liaisons, etc. D'après ce mode d'interprétation, d'après cette similitude de forme observée d'une manière exagérée, chaque idée, mélodique ou harmonique, chaque thème est représenté sous une seule et même physionomie : conséquemment la première énoncée; les nuances, dans leur ensemble, sont exprimées d'une façon identique; les articulations, les liaisons, indiquées en premier lieu, sont maintenues rigoureusement à chaque retour d'une idée première. Un auteur est ainsi condamné à n'avoir qu'une expression pour chacune des idées qu'il reproduit dans le courant d'un morceau.

Par ce moyen, on obtient, il est vrai, des éditions soignées, dans lesquelles se rencontre, à tous les points de vue, « l'uniformité de texte », avantage que messieurs les éditeurs signalent en termes consacrés sur le titre des morceaux : « édition revue, corrigée avec soin, considérablement augmentée », etc., etc.

Il est certain du moins qu'avec le texte ainsi manipulé de ces éditions... illustrées, on ne sera point en peine du côté de l'interprétation. Tout y est précis; rien d'omis. On n'a qu'à marcher de confiance. On court risque, à la vérité, de suivre une voie différente de celle que l'auteur a tracée; mais on se perdrait peut-être autrement.

Cependant, nous nous sommes parfois engagé dans un sentier où le sentiment seul pouvait guider. Notre but a toujours été d'atteindre, en tous points, au vrai, par une étude sérieuse que nous soumettons à la sanction de nos lecteurs.

Le point dont il s'agit ici ne peut, en effet, se discuter autrement que par sentiment.

On trouve dans une note extraite d'un article du journal *le Ménestrel* (1) une opinion que nous avons entendu émettre par plusieurs critiques, concernant un passage de l'introduction de la symphonie en *ré* de Beethoven.

« M. d'Ortigue », entre autres, ainsi qu'il l'exprime lui-même, « n'est pas sûr non plus de l'exactitude des partitions d'orchestre; il pense que la magnifique édition donnée à Leipzig par Breitkopf et Härtel doit faire loi. Ainsi, pour ce qui est des dernières mesures de l'introduction qui précède l'*allegro*, au moment où les basses attaquent la pédale *la*, les altos et les violoncelles récitent une phrase où apparaît le *si* bémol; mais le *si* naturel remplace le *si* bémol dans la même phrase répétée immédiatement par les premiers et les seconds violons. »

Cette remarque donne à penser que M. d'Ortigue partage l'opinion de ceux qui considèrent le *si* bémol comme devant figurer les deux fois qu'apparaît la phrase mélodique.

La question est donc purement une question de sentiment. Le vrai doit ressortir, selon nous, des conséquences naturelles du sentiment même qu'il importe, pour ainsi dire, d'analyser.

Or nous voici en présence d'une phrase mélodique — vers la fin de l'introduction — d'un côté, formée avec *si* bémol (mesure 25), de l'autre côté, reproduite avec *si* naturel (mesure 27) (2). Par conséquent, point d'uniformité entre l'idée énoncée et la répétition de la phrase mélodique; l'imitation n'est pas réelle.

(1) 11 décembre 1864.

(2) Édition Farrenc, revue par Fétis, et dédiée à la Société des concerts.

Mais cette différence de forme se conçoit aisément; les raisons en sont des plus simples. D'abord, il n'y a point d'imitation proprement dite, entre ces deux mesures. C'est une même phrase dialoguée, et ornée d'une mutation choisie, alors que la deuxième fois elle est superposée dans les parties; exemple de variété et d'élégance qu'ont suivi les maîtres eux-mêmes, et que Beethoven particulièrement a imité de manière à créer chez lui une merveilleuse individualité. De plus, ce changement de note, le *si* naturel contesté, permet d'entrevoir le développement de la pensée, un horizon nouveau que la mesure qui suit (la 28e) met complétement à jour.

On ne peut croire évidemment, en invoquant le sentiment, à une erreur de note, à une faute de gravure. Vouloir substituer au *si* naturel des premiers et des seconds violons un *si* bémol, et cela uniquement pour observer l'uniformité entre les mesures 27 et 25, c'est, à notre sens, méconnaître le sentiment vrai, et en même temps faire naître l'opinion opposée; car, on conviendra, assurément, qu'il peut y avoir similitude, en sens inverse, entre les mesures 25 et 27, par la substitution opposée du *si* naturel au *si* bémol des altos et des violoncelles. Il n'y a, en effet, aucune raison pour se prononcer en faveur plutôt de l'une que de l'autre manière, si ce n'est, cependant, la priorité d'énonciation, c'est-à-dire le *si* bémol, en reconnaissant toutefois que nulle erreur n'a été commise dans l'exposé de la phrase, ce qui ne fait aucun doute.

Avancer une opinion contraire, c'est à la fois montrer un esprit de parti, soutenir quand même un système des plus dangereux, et méconnaître la variété de forme de l'idée mélodique exprimée avec tant de charme et de suavité, et bien certainement conçue par l'auteur (1).

Beethoven. **Symphonie en la.** (N° 7.)

De chaleureuses discussions se sont élevées, sans compter celles qui se produiront encore, bien certainement, au sujet d'une note, d'une simple note *pizzicato* de basse, dans la symphonie en *la.*

La 17e mesure, avant la fin du deuxième morceau : l'*allegretto*, contient un *ut* à la basse, dans les partitions éditées par Farrenc et par Launer; les partitions éditées par Breitkopf et Härtel, Haslinger, Rietter-Biedermann, ainsi que les parties d'orchestre publiées par Sieber, contiennent un *sol.* L'accord d'*ut* se trouve donc présenté sous deux aspects différents : par l'état direct (*ut* à la basse); par le renversement (sixte et quarte, *sol* à la basse).

Laquelle de ces deux notes est la vraie? l'*ut* ou le *sol?*

Avant de répondre à cette question, nous demandons à connaître les impressions que procurent séparément ces deux notes envisagées soit à la lecture, soit à l'audition? Et, à cet effet, nous supposons deux partitions différentes de la même

(1) Nous n'avons pas encore rencontré, d'ailleurs, de partitions, ou de parties d'orchestre séparées, contenant d'une manière ou d'une autre l'uniformité, quant à la reproduction de ce passage de l'introduction.

symphonie entre les mains de deux chefs d'orchestre harmonistes-compositeurs. Celui qui aura sous les yeux la version contenant l'*ut*, détruira-t-il, en présence du *sol* gravé dans la partie séparée de basses (édition Sieber), le texte de la partition, pour se conformer au texte des parties d'orchestre? Fera-t-il corriger l'accord parfait afin d'y substituer celui de sixte et quarte? Quant au chef d'orchestre qui imposera le *sol*, quelles raisons donnera-t-il?

Nous savons qu'on a allégué :

— Que, le *sol* ne concluant pas, le sentiment d'enchaînement domine ainsi d'une manière plus sensible;

— Que cette note, le *sol*, se trouve dans l'arrangement de Czerny, qui le premier a traduit les symphonies de Beethoven, pour le piano, à quatre mains, etc. Telles sont les principales raisons sur lesquelles paraît être fondée, jusqu'à présent, la préférence donnée à cette dernière version.

Cependant nous chercherons à pénétrer plus avant dans la pensée de l'auteur. Nous ferons préalablement l'analyse de ce morceau.

On a pu remarquer que la facture de l'*allegretto* se rapporte, comme bien des morceaux de Beethoven, à l'*air varié;* que le thème, exposé d'abord avec une simplicité qui n'exclut point la grandeur, et dont le compositeur a fait si souvent l'heureux emploi (1), que le thème, disons-nous, se compose de deux reprises d'égale durée, la seconde n'étant allongée par le fait que par le *da capo;* que les variations qui viennent ensuite s'échelonnent successivement les unes sur les autres, en se conformant rigoureusement à leur exposition primitive, jusqu'au premier majeur. De telle sorte qu'une ligne

(1) Et d'une manière identique dans le *finale* de la symphonie héroïque.

étant premièrement tracée, par exemple le thème (ou rhythme principal du morceau), il vient s'y adjoindre une autre ligne : la mélodie, d'une suavité plaintive; — puis une autre ligne : un rhythme nouveau mélodique; — puis une autre ligne : encore un rhythme nouveau, cette fois dialogué en triolet par les basses. Enfin tout cela s'engrène, au fur et à mesure, comme sur un cylindre dont le volume augmente en raison de l'intensité du son.

Il s'ensuit que, selon toute disposition régulière, chacune des deux reprises du thème et des variations se termine par un mouvement régulier de basse, l'un sur la tonique *ut*, l'autre sur la tonique *la;* que le thème ainsi que les variations conservent textuellement leur physionomie distincte, tout en étant réunies ; après quoi le majeur interrompt, pour un instant, la forme variée.

Ne pourrait-on pas rapporter cette partie du morceau au *trio* du menuet, par exemple? En effet, nous allons retourner au thème, après une brusque apparition du rhythme binaire frappé violemment et par trois fois en échos formidables. Ici, il ne faut pas laisser inaperçu le renversement des parties. La mélodie, au lieu d'être placée, comme dans la première variation, au-dessous de la partie supérieure (chantante) du thème, est, au contraire, exposée au-dessus, avec broderies, par la flûte, le hautbois et le basson, tandis que la basse reproduit note pour note la partie haute du thème (1).

Un épisode, à la fois mystérieux et fugué, une sorte d'aparté, sépare le lien qui embrasse cette suite de variations

(1) Il en résulte par conséquent l'accord de sixte et quarte à la première, à la quatrième et à la huitième mesure de la première reprise. Cette dernière correspond précisément à la mesure en question : la 17e avant la fin.

exposées au commencement. Mais le *crescendo* s'enfle subitement, comme pour rompre une retenue imposée, et laisse dominer un contre-point syllabique dont le mouvement toujours égal plane au-dessus du thème. Cependant il s'apaise à l'approche du nouveau majeur, après lequel le morceau termine court.

La péroraison est, à l'inverse de certains exemples, d'une brièveté remarquable. Elle est formée du thème simplement. Beethoven (comme on a pu le remarquer dans certains morceaux (1)) n'abandonne une idée principale qu'après l'avoir fractionnée et soumise au dialogue. C'est un résumé, une conclusion partielle entre les divers éléments qu'il a employés, une parole dernière réservée tour à tour à chacun de ses interprètes !

Maintenant nous allons donner un exposé du texte, sous forme de dictée, comme si nous recevions du maître lui-même ses instructions touchant la disposition observée dans le tracé de la partition (2).

« Voici, premièrement, la partie d'alto destinée à être reproduite textuellement par les seconds violons, puis par les premiers, puis par les flûtes, etc. ; deuxièmement, la mélodie qui doit passer successivement des altos et des violoncelles aux seconds violons, et de ceux-ci aux premiers violons ; troisièmement, le dessin des altos et des violoncelles comme devant se retrouver aux seconds violons, au-dessus des triolets en imitation par les basses. — L'idée mélodique, ornée cette fois, arrivera conséquemment aux flûtes après le premier majeur,

(1) — Tempo di minuetto de la sonate 3, op. 30.
— Finale de la sonate, op. 96.
— Andante du trio en *si* bémol, op. 97, etc.

(2) Cette analyse doit être suivie en regard de la partition.

par suite de la progression ascendante; et la partie d'alto, ayant parcouru les régions supérieures, sera, comme précédemment, exposée textuellement aux basses en *pizzicato* (1). Enfin, à la péroraison, le thème sera morcelé, de deux en deux mesures, et dans un même ordre, aux deux reprises, par les flûtes et hautbois, hautbois et clarinettes, cors et bassons, ainsi que par le quatuor (*pizzicato*). La partie mélodique d'alto, énoncée en premier lieu, devra subsister textuellement dans l'harmonie, à la partie supérieure, à l'exception toutefois : 1° du dernier tronçon de chacune des deux reprises par le quatuor, où elle se trouvera contrairement renversée à la partie inférieure (2); 2° du début de la seconde reprise, où elle sera exposée à la partie intermédiaire. Alors la conclusion tonale, produite par le mouvement mélodique des basses, et répétée successivement à l'octave par les instruments qui ont, tour à tour, fait entendre le thème, formera le résumé de la péroraison. »

Tel est le mode d'analyse à l'aide duquel on trouve la raison d'être du *sol*. Il est difficile, en effet, de repousser la logique de ces instructions supposées, et qui sont la réalisation exacte des idées du maître. La clarté qui ressort de tant d'intentions précises et si bien ordonnées, est évidente.

Mais, si l'on méconnaît la justesse de ce raisonnement, si l'on ne veut suivre, pas à pas, la filiation des conséquences naturelles qui découlent d'un principe observé et bien certai-

(1) Cette disposition explique parfaitement la présence du *sol*, à la basse (accord de sixte et quarte), à la huitième mesure de la phrase (mesure 157 du morceau).

(2) C'est donc, par conséquent, *sol* et non *ut* qu'il faut ici, à la basse, pour que la partie mélodique d'alto du début soit textuellement reproduite, comme au milieu du morceau.

nement voulu, il est impossible de comprendre le *sol*, là où le sentiment de la cadence parfaite appelle naturellement l'*ut*.

Cette dissemblance de texte entre les diverses éditions n'est pas la seule à signaler dans la symphonie en *la*. Les partitions de Haslinger et Simrock n'ont pas, comme celles de Breitkopf et Härtel, de Launer, de Rietter-Biedermann, le scherzo gravé tout au long. Le *da capo* conçu par l'auteur est indiqué par un signe de renvoi.

Mais il y a, comme on sait, deux manières d'interpréter le *da capo*. Il est d'usage que la seconde fois les reprises ne se répètent point. Or si le compositeur emploie purement et simplement le signe D. C., c'est qu'il se soumet à l'usage établi; au contraire, s'il entend qu'on redise de nouveau chaque reprise, il faut que la partition contienne le *da capo* écrit avec les reprises textuellement comme la première fois.

On sait aussi comment s'indiquent sur le manuscrit les divers renvois; on connaît les différents signes d'abréviation généralement employés. L'auteur doit donc apporter la plus grande précision dans ses indications, sans quoi il aura à craindre l'erreur.

Ainsi, pour le scherzo de la symphonie en *la*, on se trouve en présence de plusieurs interprétations, les partitions n'étant point conformes entre elles. Cependant une version a prévalu, c'est celle des parties d'orchestre de l'édition Sieber, dans laquelle sont exprimées deux fois toutes les reprises, à l'exception de la seconde, dite de scherzo, qui n'est reproduite qu'une fois au *da capo*.

Ici, quelques particularités se présentent.

A l'exposition du scherzo, les deux reprises sont marquées

avec des points (on n'a jamais répété cependant la deuxième reprise, à la Société des concerts) ; à l'endroit du *da capo*, la première reprise est écrite deux fois, la seconde, une fois seulement. Le *pianissimo sempre* qu'on ne rencontre que dans les parties d'orchestre explique du moins cette anomalie.

En effet, sans cette nuance nouvelle (que l'on ne saurait concevoir immédiatement après le *conduit* du trio, où du *piano* on est arrivé au *pianissimo*), il serait difficile de se rendre compte de la répétition de la première reprise. Là est un mystère impénétrable.

On a dit que cette nuance, ce *pianissimo* continu, est de l'invention d'Habeneck (1). Comment cela? Les parties d'orchestre publiées par Sieber sont antérieures à la fondation de la Société des concerts! Fétis, de son côté, ne reconnaît pas,

(1) Ce n'est pas le seul reproche qu'on ait fait à Habeneck.

« Depuis vingt ans on exécute au Conservatoire la symphonie en *ut* mineur, et jamais Habeneck n'a voulu, au début du scherzo, laisser jouer les contre-basses (*). Il trouve qu'elles n'y produisent pas un bon effet.... *Leçon à Beethoven.* »

... Habeneck corrigea, lui aussi, Beethoven, en supprimant, à l'exécution de la même symphonie *une reprise entière* du finale (**). » H. Berlioz.

— Berlioz ne parle pas de la substitution faite par Habeneck de l'*allegretto* de la symphonie en *la* au *larghetto* de celle en *ré;* et cependant, sans cette substitution, la symphonie en *ré* n'eût point été acceptée par le public, à l'apparition, en France, des œuvres de Beethoven!

« L'administration de l'Académie royale de musique ayant eu la bonne pensée de donner des concerts spirituels chargea Habeneck de leur organisation, et, fidèle à son culte pour les symphonies de Beethoven, il fit jouer dans ces concerts la symphonie en *ré* (la deuxième) de ce grand compositeur. Il eut à soutenir une véritable lutte avec les musiciens au sujet du ravissant andante de cette symphonie, et, le croirait-on? Habeneck, afin de sauver les autres morceaux de ce chef-d'œuvre, fut obligé de substituer à l'andante en question celui de la symphonie en *la.* » A. Elwart, *Histoire de la Société des concerts.*

(*) Girard les a rétablies depuis.

(**) Jamais la première reprise du finale n'a été dite deux fois.

du moins en tous points, l'authenticité du *pianissimo* (1). Cependant, de deux choses l'une : ou la nuance est une intention de l'auteur, et la répétition de la première reprise au *da capo* se trouve motivée; ou le *pianissimo* est de pure invention, et rien n'explique la manière exceptionnelle d'envisager les reprises.

On lit dans les Mémoires de Berlioz :

« L'éditeur Troupenas m'ayant, entre autres ouvrages, donné à corriger les partitions des symphonies de Beethoven, que M. Fétis avait été chargé de revoir avant moi, je trouvai ces chefs-d'œuvre chargés des modifications les plus insolentes, portant sur la pensée même de l'auteur, et d'annotations plus outrecuidantes encore. Tout ce qui, dans l'harmouie de Beethoven, ne cadrait pas avec la théorie professée par M. Fétis, était changé avec un aplomb incroyable. A propos de la tenue de clarinette sur le *mi* ♭, au-dessus de l'accord de sixte {si ♭ / fa / ré ♭} dans l'andante de la symphonie en *ut* mineur, M. Fétis avait même écrit en marge de la partition cette observation naïve : « Ce *mi* ♭ est évidemment un *fa;* il est impossible que Beethoven ait commis une erreur aussi grossière. » En d'autres termes, il est impossible qu'un homme tel que Beethoven ne soit pas dans ses doctrines sur l'harmonie entièrement d'accord avec M. Fétis. En conséquence M. Fétis avait mis un *fa* à la place de la note si caractéristique de Beethoven, détruisant ainsi l'intention évidente de cette tenue à l'aigu, qui n'arrive sur le *fa* que plus tard et après avoir passé par le *mi* naturel, produisant ainsi une petite progression chromatique

(1) Dans l'édition revue par Fétis, et dédiée à la Société des concerts, le *forte* reparaît à chaque *tutti* de l'orchestre.

ascendante et un crescendo du plus remarquable effet. Déjà irrité par d'autres corrections de la même nature (1) qu'il est inutile de citer, je me sentis exaspéré par celle-ci... »

Si, pour la symphonie en *la*, les parties d'orchestre l'emportent sur les partitions, pourquoi n'en est-il pas de même, par exemple, pour le menuet de la huitième symphonie? Dans la symphonie en *fa*, le menuet, au *da capo*, après le trio, est, en effet, gravé, comme la première fois, avec les reprises (parties d'orchestre). Néanmoins, on va tout de suite à l'exécution. La routine ici reprend ses droits!

Beethoven. **Symphonie en fa.** (N° 8.)

Chaque fois que l'on entend cette symphonie, on est surpris d'un effet « étrange » qui se produit à l'exécution, dans le menuet, vers la fin de la deuxième reprise. On pourrait croire à une entrée fautive, à une erreur de gravure du côté des parties d'orchestre, car la partition ne présente aucun point douteux. Le texte est clair et régulier.

Cependant, ce qu'on lit ne paraît pas être conforme avec ce que l'on entend; et cela, après avoir des deux côtés vérifié

(1) Ne serait-ce pas l'*ut* mis à la place du *sol* dans la symphonie en *la*?

— Le *la* ♭ (partition Farrenc) mis à la place du *sol* (parties d'orchestre Sieber) aux seconds violons, dans l'Héroïque?

— Le *ré* (partition Farrenc) mis à la place du *mi* (parties d'orchestre Sieber) au cor, dans la Pastorale? etc., etc.

l'exactitude. On renvoie à une audition ultérieure l'examen de l'étrangeté qui chaque fois se produit; on consulte de nouveau la partition, et toujours « le champ des conjectures reste ouvert ».

Ce fait des plus curieux se produit à l'exécution de la septième avant-dernière mesure de la seconde reprise du menuet, au troisième temps.

Les entrées successives des notes *ut*, *fa*, en octaves, par les trompettes et les cors, ensuite par les flûtes, hautbois, clarinettes et bassons paraissent être plus resserrées à l'audition qu'on ne le croit à la lecture; les imitations semblent se multiplier.

Et en effet, l'oreille perçoit au troisième temps de la mesure une double percussion mélodique des notes *ut*, *fa*, dont la rapidité fait supposer une imitation des plus brèves, en diminution de valeurs, que l'on ne découvre nulle part. La partition ainsi que les parties d'orchestre n'expriment rien de semblable.

Après bien des auditions et par conséquent aussi bien des conjectures; après avoir écouté et des yeux et des oreilles, nous avons découvert, croyons-nous, les véritables causes de cet effet vraiment « étrange ».

Le troisième temps en question contient les notes *ut*, *fa*, superposées de la façon suivante dans la partition :

A l'audition, elles semblent successivement échelonnées :

Il en résulte qu'on est naturellement porté à croire à un manque d'ensemble dans l'attaque simultanée des notes *ut*, *fa*, ou à une erreur de gravure, à une faute quelconque. Cependant, autre chose est cause de l'altération fictive des valeurs émises par le compositeur.

Les notes *ut*, *fa*, bien que frappées ensemble, ont chacune une attaque différente provenant de la différence même des valeurs exprimées, ainsi que de la nature opposée des instruments employés. L'*ut* est une croche; le *fa* une noire prolongée. Les instruments de cuivre ont l'émission du son instantanée, par suite de la brièveté de la note et du *forte* de l'attaque, tandis que l'insufflation de la note prolongée par les instruments de bois, produit un effet contraire : l'attaque est effectivement moins vigoureuse, précisément à cause de la prolongation du son. Ces deux effets distincts peuvent se traduire par deux signes opposés l'un à l'autre : > <.

En plaçant ces deux signes l'un sur l'autre ≶, on aura une idée exacte de l'effet d'exécution que produisent ensemble les deux notes. L'une est à son début plus accentuée que l'autre. L'*ut* l'emporte sur le *fa*. Celui-ci n'est entendu que lorsque celui-là se tait, bien qu'ils aient commencé à parler en même temps.

Mais lorsque, après l'attaque de l'*ut*, le *fa* parvient presque instantanément à l'oreille, ce dernier y arrive comme une percussion tardive, un contre-coup, une espèce d'écho. L'effet qui en résulte

est, comme on voit, différent de celui que l'on conçoit de la physionomie du texte :

Les notes, au lieu de se produire harmoniquement, sont entendues mélodiquement.

Le tableau suivant permettra de voir, pour ainsi dire, l'effet que l'on entend à l'exécution.

DÉMONSTRATION.

EXPLICATION DES SIGNES.

\> attaque instantanée,
< insufflation progressive,
A percussion forte,
B percussion faible,
ce qui produit, à l'audition, l'effet suivant :

Beethoven. **9e symphonie.** Avec chœurs.

PARTITIONS.

Éditions : Schott frères (Mayence) ; veuve Launer (Paris) ; Breitkopf et Härtel (Leipzig).

PARTIES D'ORCHESTRE.

Édition : Schott frères.

A l'une des répétitions de la symphonie avec chœurs (session 1869-70 de la Société des concerts), il fut soulevé une question depuis longtemps discutée, et qui sera toujours discutable, touchant un passage de clarinette écrit à la 264e mesure de la seconde reprise du premier morceau. Les partitions et les parties d'orchestre contiennent, à cet endroit, la version suivante, évidemment fautive :

La correction dont on fit l'essai était ainsi conçue :

Cette correction, fut-il dit, aurait été faite d'après le manuscrit même de Beethoven. Comment se fait-il que cette erreur n'ait point été relevée dans la partition Breitkopf et Härtel, tirée de la collection des œuvres complètes du maître, « collationnées sur les manuscrits originaux » ?

La rectification que l'on vient de voir paraît satisfaisante, à première vue, et justifiée en apparence par l'imitation qu'elle établit avec le basson.

Mais, dans la partie séparée de clarinette, se trouvait une correction faite au crayon, différente de la première. La voici :

Cette version nouvelle est conforme au moins avec la physionomie du dessin principal.

Voulant approfondir un sujet qui dès lors captiva notre esprit, nous entreprîmes l'analyse du passage controuvé. Aussitôt la véritable erreur nous fut dévoilée.

On lira avec intérêt peut-être ce travail minutieux.

TABLEAU ANALYTIQUE.

SYMPHONIE AVEC CHŒURS.

Clar en Sib.
A
B
C
D
Fl.
Clar.
A
B
C
D

Texte fautif des partitions; éditions: B. Schott, Launer, Breitkopf et Härtel.

La progression mélodique contenue dans le tableau ci-dessus est formée de périodes composées chacune de quatre mesures empruntées à deux sujets différents. Les deux premières mesures appartiennent au thème principal exposé premièrement : mesures 17 et 18 de la première reprise.

Les deux autres mesures correspondent au motif énoncé : mesures 29 et 30 de la seconde reprise.

Le premier sujet commence par conséquent chaque période par les mesures marquées A, B; le deuxième sujet complète chaque période par les mesures marquées C, D.

Le caractère des deux sujets fragmentés est, comme on voit, distinct : l'un est rhythmé, l'autre expressif.

Le premier conserve, dans la partie qui le produit, son rhythme caractéristique; le second présente, chaque fois (mesures D), une variante que l'enchaînement ou retour du premier sujet renouvelle naturellement.

On doit remarquer également que les entrées successives des instruments à vent dans les mesures A, B, sont en imitation rhythmique avec le premier sujet; que celui-ci continue sa marche dans les mesures C, D, du deuxième thème, lequel paraît avoir été réservé exclusivement aux premiers violons.

Les variantes des mesures D ne sauraient être considérées comme le type des imitations observées par les instruments à vent. En effet, la régularité des imitations, aux mesures B, est la condition essentielle des entrées successives qui se produisent ; et si le basson fait exception à ce principe établi, à l'une des mesures D, c'est que l'enchaînement ne pouvait s'effectuer, cette fois, qu'en doublant les premiers violons.

Mais il en est autrement pour la clarinette (mesure B rectifiée) : d'abord, le *mi* des premiers violons (second temps) n'a point à monter au *sol*, comme dans la mesure D qui suit ; d'ailleurs, le *mi* dût-il monter au *sol*, qu'il est probable que ce *mi* eût été préalablement exprimé au commencement de la mesure,

tel que le *ré* de la flûte

dans la phrase précédente.

Mais si la mesure C rectifiée comme il suit

réalise, suivant certaine opinion, l'idée réelle de l'auteur, il est au moins singulier que ce passage n'ait point alors été confié à la flûte : l'inversion des parties était une conséquence naturelle du dessin et de la rapidité du trait.

D'autre part, on voit que le mouvement de basse, à la mesure D qui précède, ne se reproduit pas à la mesure B qui suit ; l'harmonie est cependant la même : rien ne justifie donc l'imitation de la variante, pour rompre ici, comme à plaisir, la symétrie si admirablement observée des deux sujets réunis.

Enfin, on doit encore remarquer que la variante des premiers violons, doublée par le basson, à la mesure D, ne permet point d'attaque à l'extrémité de la mesure, semblable à celle de la flûte dans la mesure rectifiée.

C'est en considération des raisons que nous venons d'énumérer, que nous supposons les notes *la*, *sol*, de la clarinette, comme ayant été écrites, par erreur, pour les notes *sol*, *fa*, ce qui rectifie le passage de cette manière :

Le *sol* s'explique parfaitement, d'ailleurs, comme appogiature naturelle du *fa*.

Nous sommes donc contraire à la substitution du *fa* au huitième de soupir, ainsi qu'au maintien des notes *la*, *sol*, dans la version suivante, dont rien ne démontre l'authenticité.

Cette substitution de note au silence détruit le rhythme établi, dans les mesures B, par les entrées successives des parties en imitation, lequel rhythme doit évidemment se retrouver ici,

entre la clarinette et la flûte.

Analyse de la symphonie avec chœurs.

« Analyser une pareille composition est une tâche difficile et dangereuse », a dit Berlioz (1). Cet avertissement semble nous être adressé, aujourd'hui que nous entreprenons de compléter en quelque sorte une étude dont le mérite est incontestable. Mais le musicien s'étant effacé devant le poëte, il en est résulté certaines lacunes qui nous permettent de traiter en sous-œuvre un sujet que l'on peut considérer comme inépuisable. Le point de vue où nous nous sommes placé rend, il est vrai, notre travail aride, « difficile », mais la tentative « téméraire » à laquelle nous nous livrons ne sera peut-être pas sans quelque intérêt. Nos efforts constants pour nous initier au génie des maîtres plaideront, nous l'espérons, en faveur de notre cause.

Avant tout, il est nécessaire de s'entendre sur le caractère général de la *symphonie*.

La symphonie (ainsi que la sonate, le quatuor, etc.) est une œuvre instrumentale (2) divisée en quatre parties :

1° Morceau animé;

2° Morceau lent, ou menuet — scherzo;

3° Menuet — scherzo, ou morceau lent;

4° Finale.

Le premier morceau est divisé en deux reprises, la première se composant du motif principal dans le ton primitif, et de l'idée secondaire conçue généralement à la dominante; la

(1) *Étude critique des symphonies de Beethoven.*

(2) La symphonie avec chœurs de Beethoven, la symphonie-cantate de Mendelssohn, sont les deux seules exceptions, quant à présent.

deuxième reprise contient les développements des deux motifs, le retour du premier, ainsi que la transposition du second dans la tonalité du morceau, après quoi vient la péroraison.

Le morceau lent est d'une contexture à peu près semblable, lorsqu'il n'a pas la forme de l'*air varié*.

Le menuet (ou le scherzo) se compose de deux parties ayant chacune deux reprises : la première partie, c'est-à-dire le menuet (ou le scherzo) proprement dit; la seconde partie, c'est-à-dire le *trio*, après lequel on revient, *da capo*, au menuet (ou au scherzo).

Le *finale* est une espèce de *rondeau :* soit un thème composé de deux petites reprises après lesquelles se développe le morceau, soit simplement deux grandes reprises (quelquefois sans *da capo*) comme dans le premier morceau.

Telles sont les assises principales de l'édifice que l'on appelle *symphonie*. Le plan de chaque partie est bien simple, comme on voit; il permet, cependant, aux variétés infinies de toute espèce de se produire. Le cadre peut, à vrai dire, recevoir maintes modifications, mais à la condition expresse de contenir toutes les parties constitutives de l'œuvre. Les proportions, le caractère, les idées mères de la *symphonie* appartiennent en propre à l'auteur.

Ce genre de composition réglé, — lequel ne peut exister réellement qu'autant que les lois fondamentales touchant la facture y sont maintenues, — est-il, par ces conditions impérieuses, du domaine de l'art? Nous considérons cette question comme étant adressée à la science par le progrès. Certes, on ne peut nier que Mozart et Beethoven y ont répondu d'une manière affirmative. On retrouve, en effet, dans la symphonie avec chœurs, dans la symphonie en *sol* mineur, la symphonie *la Reine.* Le progrès s'est fait jour dans la nature elle-même des idées, dans le caractère et les proportions de l'œuvre. Ainsi le premier morceau de la symphonie *la Reine* (Haydn) compte 265 mesures; celui de la symphonie en *sol* mineur (Mozart) contient 300 mesures; le premier morceau de la symphonie héroïque (Beethoven) atteint le chiffre prodigieux de 695 mesures. Et dans ces trois morceaux, même facture, même unité! L'invention se manifeste par la conduite du morceau, le développement des idées, par l'apparition d'une troisième reprise due au puissant génie de Beethoven, et que l'on voit poindre à l'horizon de son œuvre dès l'opéra 5 (premier allegro de la deuxième sonate, en *sol* mineur, pour piano et violoncelle).

Cette exposition une fois faite, nous pouvons passer à l'analyse de la symphonie avec chœurs.

1° *Allegro maestoso.*

« Le premier morceau, empreint d'une sombre majesté, ne ressemble à aucun de ceux que Beethoven écrivit antérieurement... » « Cet *allegro maestoso*, écrit en *ré* mineur, commence cependant sur l'accord de *la*, sans la tierce, c'est-à-dire sur une tenue des notes *la*, *mi*, disposées en quinte, arpégées en dessus et en dessous par les premiers violons, les altos et les contre-basses, de manière à ce que l'auditeur ignore s'il entend l'accord de *la* mineur, celui de *la* majeur, ou celui de la dominante de *ré*. Cette longue indécision de la tonalité donne beaucoup de force et un grand caractère à l'entrée du *tutti* sur l'accord de *ré* mineur. » Ce *tutti* expose dans sa tonalité première le motif principal du morceau.

En outre de cette exposition du motif dans le ton principal, suit pareillement une tenue des notes *ré*, *la*, disposées en quinte, arpégées en dessus et en dessous par les premiers violons, les altos et les contre-basses, de sorte que l'auditeur ignore si l'accord restera mineur, s'il deviendra majeur, ou s'il servira de nouvelle dominante. Rien de tout cela ne surgit! Le *si* bémol grave des bassons, au-dessous de la tenue du *ré* prolongé, anticipe une nouvelle tonalité, celle de *si* bémol, dans laquelle se produit une seconde exposition du motif. Ces deux tonalités exposées au début vont être définitivement adoptées par la suite, — la première pour le motif principal, la seconde pour l'idée secondaire. — Et, c'est précisément par cette raison que ce premier morceau « ne ressemble à aucun de ceux que Beethoven écrivit antérieurement ».

Des huit premières symphonies, sept, écrites en majeur, modulent à la dominante (première reprise du premier morceau). Celle en *ut* mineur passe au relatif *mi* bémol : cette modulation à la tierce supérieure est généralement observée pour les tons mineurs. Dans la neuvième, le maître emploie un procédé nouveau. C'est à la tierce inférieure, *si* bémol, tonalité relative (par extension à la règle) (1), que s'effectue la modulation affectée au second motif. On conçoit tout le parti que l'auteur va tirer des diverses relations tonales dont il double désormais le domaine.

Après la double exposition du motif principal, l'idée secondaire apparaît dans le ton de *si* bémol au lieu du ton de *fa*, et la première reprise se termine dans cette même tonalité,

(1) En harmonie, sont relatifs entre eux les tons qui ne diffèrent à la clef que d'un accident.

si bémol, après des développements successifs et sans *da capo.* Ici ce n'est pas pour éviter d'être trop long que les points sont absents à la reprise : cette première reprise conçue dans deux tonalités distinctes, n'est en réalité qu'une exposition générale des tonalités et des motifs qui vont être traités d'une manière si admirable dans la seconde reprise.

Celle-ci débute, en effet, par le retour de la tenue des notes *la*, *mi*, comme s'il s'agissait simplement d'un *da capo*. Puis, enjambant, pour ainsi dire, sur le motif lui-même, la seconde tenue des notes *ré*, *la*, s'enchaîne à la première ; mais, cette fois, l'adjonction de la tierce (*fa* dièse) amène le relatif mineur du ton de *si* bémol. Le motif principal, tronqué dès les premières mesures, s'empare du ton de *sol* mineur, et, à la suite d'un brillant *forte*, une idée épisodique des plus expressives se fait jour au milieu du morceau sans pour cela en arrêter le cours.

Mais le sujet, impatient de se produire en son entier, coupe court à tout sentiment passionné, et les basses en courroux attaquent la fugue en *ut* mineur, tonalité qui, soit dit en passant, n'eût pas trouvé sa place sans le nouveau mode tonal employé.

Après la réponse à la dominante (*sol* mineur), après le sujet en majeur (*si* bémol), l'idée épisodique reparaît, mais transposée dans le ton de *la* mineur. Nous voici à la dominante de la tonalité première. La phrase est plus large et le cantabile plus sensible. L'idée secondaire se mêle à cet épisode dans la crainte d'être oubliée ; mais le dessin interrompu reprend avec plus d'empire sa progression ascendante, et arrive furieux à la tenue des notes *ré*, *la*, accompagnées de la tierce majeure qui gronde à tous les étages des violoncelles et des contre-basses. C'est le retour du motif principal.

Ce n'est point là un retour ordinaire, — nous avons vu par *l'Héroïque*, par la symphonie en *si* bémol, etc., que Beethoven avait rompu, et pour jamais, avec la tradition, — mais un retour en pleine tempête. Les éléments déchaînés fondent de toutes parts comme des furies ; le thème est entrelacé d'imitations resserrées sous lesquelles se dresse un contrepoint formidable ; les basses exhalent leur colère par un trémolo de gammes ascendantes, comme des vagues impétueuses, mais pour s'apaiser soudain et laisser luire enfin la mélodie, cette idée secondaire, radieuse de renaître dans tout l'éclat d'une brillante et nouvelle tonalité.

Nous sommes, en effet, au mode majeur du ton de *ré*, correspondant à la période en *si* bémol de la première reprise. La reproduction des développements antérieurs amène la péroraison « où l'âme s'émeut tout entière », après avoir passé, toutefois, par la combinaison ingénieuse des deux thèmes réunis (1).

Une phrase douce au cœur, comme un dernier souvenir, et d'une expression mélancolique, soutenue par une basse chromatique qui serpente, termine d'une manière grandiose cet admirable morceau. Ce sont des adieux touchants, des regrets superflus, des sanglots entrecoupés..... une séparation éternelle !

2° *Scherzo.*

Le plan de ce morceau est conforme à celui du scherzo-type que nous avons indiqué dans la nomenclature de la *symphonie*. Cette partie comprend : 1° le scherzo, proprement

(1) Voir le tableau analytique, page 145.

dit, composé de deux reprises : la première allant de *ré* mineur à *ut* majeur (dominante de *fa*), la seconde retournant à *ré* mineur (tonalité première) ; 2° le trio, conçu dans le mode majeur, et divisé également en deux reprises : la première passant alternativement de *ré* à *la* (dominante), la seconde revenant par une modulation « d'une ravissante fraîcheur » à la tonique (*ré* majeur), après quoi le *da capo*, c'est-à-dire le retour du scherzo se termine par une coda. Les seules différences qui existent, consistent simplement dans les proportions, le développement des idées, les modulations, dans l'extension générale du morceau. Le scherzo de la symphonie en *ut* majeur contient 137 mesures; celui de la symphonie avec chœurs en renferme près de 600, sans compter les renvois.

Pour ne point s'égarer dans une voie à si vastes développements, il faudrait que chaque auditeur eût présent à l'esprit, ou sous les yeux, le plan du morceau. Il serait facile alors d'en distinguer les principales divisions, et, ainsi que le voyageur muni d'un itinéraire, de se rendre compte des différents points de la route que l'on va parcourir. Il y aurait en même temps un double intérêt à procéder du connu à l'inconnu, et cela par la comparaison d'un morceau de même genre, dont le souvenir est gravé dans la pensée, avec le morceau que l'on entend pour la première fois. On pourrait, par exemple, comparer le scherzo de la symphonie en *ut* majeur, avec le scherzo de la symphonie avec chœurs. Voici de quelle manière.

Ce serait de tracer mentalement, ou sur le papier, le sommaire de chaque *scherzo*, en ayant soin de mettre en rapport les diverses divisions communes aux deux morceaux. Ce travail amènerait le résultat suivant :

TABLEAU COMPARATIF

DU

SCHERZO DE LA SYMPHONIE EN *UT* MAJEUR

AVEC LE

SCHERZO DE LA SYMPHONIE AVEC CHŒURS.

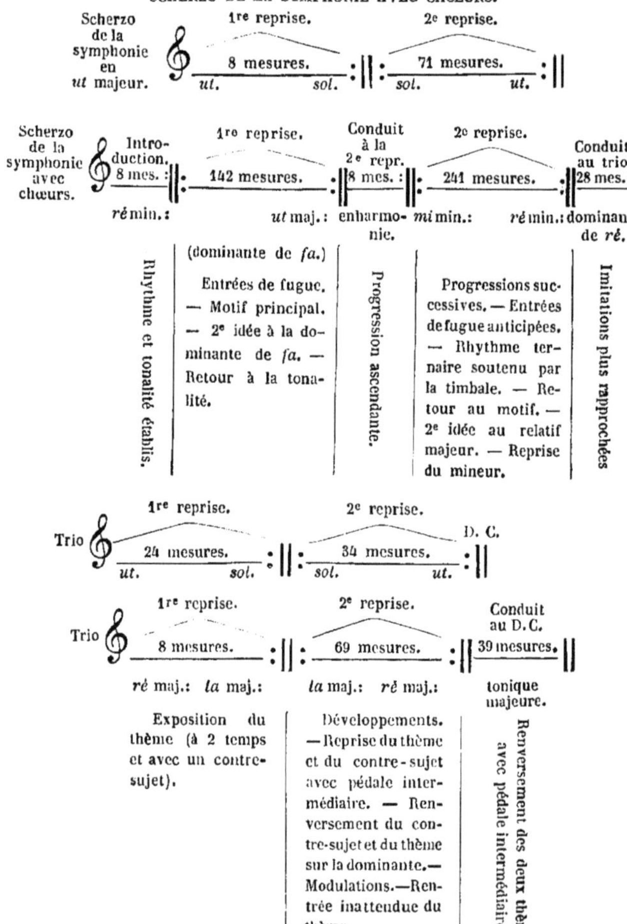

CODA. — Imitations rapprochées du *scherzo.* — Apparition du *trio* avec pédale inférieure. — Interruption. — Conclusion.

3° *Adagio cantabile.*

L'*adagio cantabile* peut se comparer, quant à sa forme, à l'*air varié*, ce dernier étant composé généralement d'une introduction, d'un thème et d'un tutti, de variations séparées par le même tutti, et d'une péroraison. Tel est, en effet, le sommaire que l'on pourrait placer en tête de l'*adagio cantabile*. Le caractère seul des idées diffère.

Ainsi, après l'introduction, c'est-à-dire les deux mesures de l'accord de dominante, échelonné par une quadruple appogiature des instruments à vent, puis soutenu par les violoncelles et les altos, le thème se déploie magistralement. Dit par les premiers violons, ce thème est d'une suavité sans égale. On n'y rencontre point la carrure ordinaire des phrases qui en permet le *da capo* ou la reprise. Il est entrecoupé d'abord, de quatre en quatre mesures, par les échos expressifs de l'*harmonie*. Cette période constitue la première partie ou reprise du thème; en second lieu, les échos se succédant par intervalle de deux, de trois mesures du motif toujours interrompu, finissent par reproduire textuellement la dernière partie du cantabile. Telle est la seconde reprise du thème. Ensuite apparaît un second motif d'une simplicité et d'une carrure parfaites, dans une tonalité et une mesure différentes. Ce nouveau chant, cette phrase incidente, et pour ainsi dire isolée, tient la place, par rapport à la facture seulement, du *tutti* faisant suite au thème. Mais au lieu d'un ensemble ou refrain, d'un *tutti* proprement dit, c'est alors un *andante moderato*, une idée nouvelle, d'une douceur suave et rêveuse.

La première variation confiée aux premiers violons se termine par le retour du thème dans sa simplicité première et avec son même mode d'instrumentation.

L'*andante moderato* reparaît comme un second *tutti*, mais dans une tonalité différente encore, et pour la dernière fois.

Du ton de *ré*, l'andante moderato est arrivé au ton de *sol;* des altos et violoncelles, il a passé à la flûte, au hautbois et au basson. Un nouveau *conduit* de deux mesures, analogue à l'introduction, mène à la 2e variation.

Celle-ci est dialoguée entre les instruments à vent. Elle est à la sous-dominante du ton principal. Quoique fort simple de mélodie, mais non d'harmonie, cette variation semble avoir été l'objet des plus audacieuses recherches de la part du compositeur. On dirait que Beethoven a voulu atteindre aux dernières limites du possible, touchant la difficulté d'exécution. Les tons sombres, les notes bouchées des cors, les bémols qui fourmillent de tous côtés, produisent d'une façon admirable cette obscurité magistralement voulue qu'il a placée dans son tableau, afin de donner à la 3e et dernière variation le plus vif éclat mélodieux.

Cette 3e et dernière variation est complexe. Elle est formée du thème que chante l'*harmonie*, et d'une broderie des plus élégantes doucement murmurées par les premiers violons auxquels appartient le premier rôle dans cet admirable adagio.

Cependant un dernier souvenir de l'idée mère conduit en s'éteignant insensiblement à la péroraison. Alors les trompettes solennelles retentissent : elles annoncent, à deux reprises différentes et avec l'éclat et la majesté d'un jugement divin, une tonalité nouvelle. Mais une réminiscence de la dernière variation vient bientôt se mêler au début du thème, d'abord en imitation réelle, ensuite en valeurs doubles, pour expirer enfin dans un paroxysme de douleur, après lequel une dernière lueur d'espérance surgit comme une consolante conclusion de cette sublime page.

4° *Finale.*

L'analyse de ce morceau est contenue dans le texte même des paroles que Beethoven a choisies pour unir le chœur à l'orchestre. L'*Ode à la joie,* de Schiller, est le canevas de ce *finale.* Cependant on peut l'envisager au point de vue musical et sous le rapport de la facture symphonique. On verra que la conduite du morceau est analogue au *finale* de la symphonie héroïque. Il suffit d'établir la comparaison suivante.

A l'énergique début des onze premières mesures du *finale* de l'Héroïque correspond l'introduction du *finale* de la symphonie avec chœurs : le récit des basses coupé par des fragments empruntés aux quatre parties. Après cette quadruple exposition rétrospective et anticipée, les deux symphonies marchent de front. De chaque côté on trouve un thème à l'unisson, des variations à deux, trois, quatre et à plus de parties encore. C'est seulement alors qu'un *tutti* furibond rompt tout-à-coup, mais non sans quelque indécision pourtant, la similitude des deux morceaux, pour reprendre avec une énergie sauvage le début du *finale*, comme s'il s'agissait d'un simple *da capo.*

Mais la voix s'empare du récit instrumental (1), et commence l'*Ode à la joie*, le *finale* réellement dit.

Le thème reparaît. Il est, cette fois, chanté et accompagné, puis repris en chœur. « La joie est douce et calme. » La variation des *soli* est répétée également par le chœur. Enfin un simple accord de dominante vient changer soudain la tonalité qui jusqu'alors est demeurée la même. Le ton de *si* bémol est amené successivement par les coups redoublés des bassons, contre-basson, clarinettes, soutenus par la grosse caisse imitant le canon lointain. On entend une marche guerrière à 6/8 que caractérise l'*orchestre militaire*, et auquel les échos du quatuor viennent se joindre par intervalle: c'est là encore une variation instrumentale du thème. « La joie conduit le héros à la victoire. » L'orchestre resté maître du terrain entame une fugue des plus mouvementées. Cet épisode a le caractère de la mêlée : le cliquetis des armes s'y fait entendre; le tumulte est général. Le point de comparaison se trouve ici avec les développements fugués du *finale*

(1) Ce passage mérite attention. L'auteur, dit encore Berlioz, *parlant lui-même par la voix d'un coryphée*, s'écrie : « Amis! plus de pareils accords, mais commençons des chants plus agréables et plus remplis de joie! » Cette citation laisse à penser que le texte allemand placé sous la phrase musicale du récit est de Beethoven. Cependant, le nombre des mots et des syllabes étant moindre ici que dans la traduction française, aussi brève qu'elle soit, il s'ensuit que le mouvement du récitatif conçu par le compositeur doit avoir naturellement une certaine rapidité, exigée par la vocalise des syllabes d'une part, de l'autre, à cause de la respiration qui a ses limites. A ce point de vue l'auteur paraît avoir sauté à pieds joints sur des conditions essentielles d'exécution : les quatre mesures vocalisées, avant le point d'orgue, et suivies de deux notes appartenant encore à la même syllabe, en sont la preuve. Ne serait-ce point pour corriger cette difficulté, autant que pour restreindre l'étendue exceptionnelle affectée à la voix du coryphée, que Beethoven aurait, comme dit Schindler, supprimé (à volonté) la première des quatre mesures qui précèdent le point d'orgue?

de l'Héroïque : c'est en quelque sorte, dans les deux symphonies, la seconde reprise du morceau.

Cependant, au milieu des « mouvements divers d'une foule active, ardente, tumultueuse, » le thème principal cherche à conquérir sa forme première. Il reparaît enfin dans sa vraie tonalité, non avec sa physionomie réelle, mais accompagné, cette fois, d'un contre-sujet énergique et joyeux par le quatuor à l'unisson. La variation s'arrête (car on ne peut dire qu'elle se termine) sur le ton de *sol*. Un choral d'une imposante majesté se déploie solennellement, et, à deux fois, est repris par le chœur, auquel vient s'adjoindre le dessin syncopé de l'orchestre. Le choral s'élève au plus haut degré du style religieux : « la joie est grande, grave, immense ». On entend l'orgue, imité merveilleusement par les instruments de l'orchestre, se mêler aux voix. Le sentiment de la prière plane en des régions célestes, comme une sorte d'extase : ce *lento* tient ici la place de l'*andante espressivo*, qui précède la strette, dans le *finale* de l'Héroïque. La fugue revient alors, mais doublée d'un contre-sujet : le choral comme sujet principal, le thème de l'ode comme deuxième sujet. C'est l'instant glorieux, en un mot, la victoire. Enfin la strette, « d'une gaieté naïve », est premièrement exposée par les *soli*, puis renforcée par le chœur ; les voix interviennent pour rendre un dernier hommage à la divinité, dans un quatuor d'une difficulté inextricable : « quelques accents tendres et religieux y alternent à deux reprises différentes avec la gaie mélodie ». La joie n'a plus de bornes. Elle s'élance, échevelée, dans la bruyante ivresse de l'orgie, mais pour conclure avec une grandeur, une noblesse, qui sont un digne contraste des sentiments joyeux et passionnés qu'elle a parcourus. La strette orchestrale, plus vive et plus tumultueuse encore, couronne cette œuvre immense par une conclusion éclatante!

Remarques.

On trouvera peut-être cette étude trop longue. Nous ne pouvons cependant passer sous silence certaines remarques, bien que quelques-unes aient été faites déjà; mais une appréciation nouvelle et toute musicale nous permettra de poursuivre un sujet, qui, nous l'avons dit, est inépuisable.

Nous citerons pour mémoire : 1° le passage de la page 17 de la partition (1), où s'établit un double sentiment d'agrégations distinctes, formant deux accords différents : celui de *fa* mineur au-dessus duquel se trouve l'accord d'*ut* mineur réunis au *sol* des basses, et traversés par un dessin mélodique de clarinette et de basson; 2° le début du *finale*, orné d'une simple appogiature plus dure à l'oreille que « l'épouvantable assemblage » de toutes les notes de la gamme mineure que l'on rencontre à la reprise du même passage.

Touchant le premier point, Berlioz dit que « telle a été l'intention de l'auteur, » soit, mais quelle intention? Est-ce l'accord de *fa*, ou l'accord d'*ut*, ou bien encore les deux accords réunis? On ne peut répondre d'une manière affirmative : « le doute se dissipe » difficilement, selon nous, et « l'on demeure » moins que jamais « convaincu » , le *fa* et le *la* bémol des altos et seconds violons ayant peut-être été

(1) Édition des frères Schott (Mayence).

écrits ici par erreur, à la place de *mi* bémol et *sol* doublant le hautbois?

Quant au second point, le *si* bémol des instruments à vent est, comme on sait, exposé, la première fois, près du *la* des trompettes, à distance de seconde et doublé à l'octave supérieure. Il existe des exemples sans nombre où l'appogiature est ainsi frappée simultanément avec la note réelle retardée. Pas un ne « grince » autant que celui-ci. La cause de ce « grincement horrible » est due au renversement de l'ordre naturel des choses.

Une appogiature est un accent. D'ordinaire l'accent se produit par la note qui retarde la note réelle. Ici, c'est le contraire. Le *si* bémol (appogiature), bien que doublé par les flûtes, hautbois, clarinettes, a beaucoup moins d'intensité que le *la* (note réelle) des trompettes. La puissance sonore se trouve donc affectée à la consonnance et non à la dissonance. C'est, en effet, un déplacement des lois naturelles qui régissent l'accentuation ou prosodie musicale. On peut s'en convaincre en supposant l'accord écrit de cette manière :

L'accent est alors exprimé par l'appogiature énergique (*si* ♭) des trompettes, et non par la note réelle (*la*) des instruments à vent.

La seconde fois, le *si* bémol de l'harmonie, doublé par les violons, est renforcé des notes inférieures *sol*, *mi*, *ut* dièse,

C'est l'accord de septième diminuée (*ut* ♯, *mi*, *sol*, *si* ♭), formant une appogiature quadruple de l'accord de *ré* mineur (*ré*, *fa*, *la*), sur lequel elle se résout, après l'attaque simultanée des sept notes réunies. Disposées selon l'ordre fondamental d'un accord réel, ces notes se trouvent ainsi échelonnées : *ré*, *fa*, *la*, *ut* ♯, *mi*, *sol*, *si* ♭, c'est-à-dire superposées par tierces, suivant leur fonction de consonnance ou de dissonance; elles se partagent en deux accords, dont l'un, comme base, est la résolution normale de l'autre, exemple :

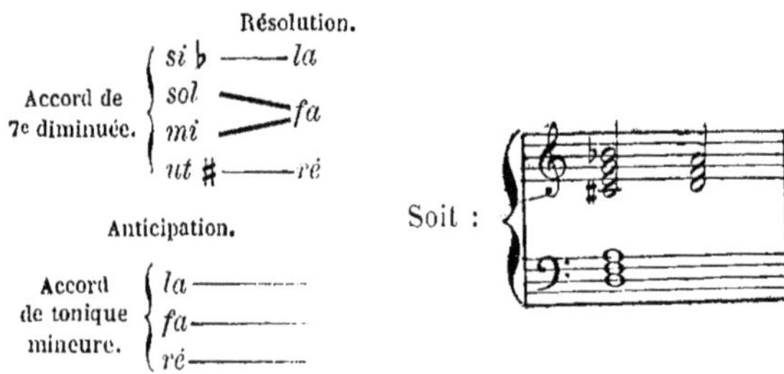

Ces deux accords sont fréquemment employés ensemble, l'un exprimé, l'autre sous-entendu, mais toutefois avec la préparation suivante :

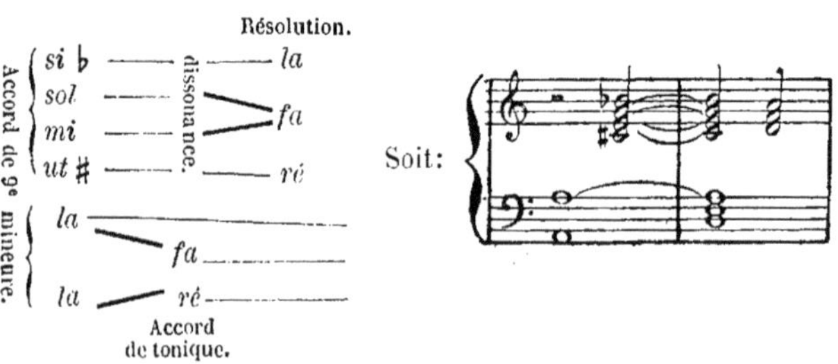

Ils se rencontrent ordinairement à la fin des morceaux lents.

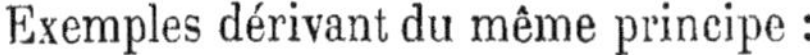

Exemples dérivant du même principe :

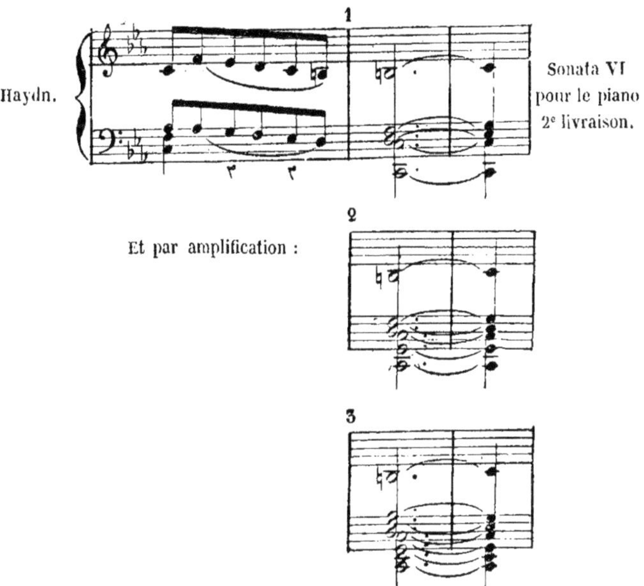

Nous ajouterons encore quelques remarques de nature différente.

Pour ceux qui regardent la symphonie avec chœurs comme une « monstrueuse folie », comme les « dernières lueurs d'un génie expirant », ou comme une conception « extraordinaire », etc., le *finale* est « mal écrit pour les voix », par conséquent « inchantable », et les voix sont écrites « comme des instruments ».

Nous allons chercher à définir ces diverses appréciations.

Quel est, en premier lieu, le but que s'est proposé Beethoven? « L'adjonction des voix aux instruments. » Sans doute, mais sous quelle forme? celle de l'opéra, de l'oratorio? Non, c'est la forme symphonique qu'a choisie le maître : *symphonie avec chœurs*, tel est le titre de son œuvre. Ce genre de composition n'a point de précédent. Il a été imité depuis par Mendelssohn, mais avec cette différence qu'il signale également par le titre : *symphonie-cantate.*

Examinons la conception de ces deux œuvres ; cette étude nous amènera sûrement à préciser le caractère distinctif de chacune d'elles.

Dans la symphonie avec chœurs, Beethoven est resté, avant tout, symphoniste (1). L'analyse ci-dessus en donne la preuve. Mendelssohn, dans la symphonie-cantate, adopte la forme de l'oratorio : soit une suite de versets dont l'ensemble présente, sous divers aspects, tels que *solo*, *chœurs*, *soli*, « un chant d'actions de grâces ». Aucun lien symphonique ne se manifeste dans cette seconde partie de la symphonie-cantate ; tandis que le *finale* de la symphonie avec chœurs est, comme on l'a vu, construit sur les bases mêmes de la symphonie.

Ce genre de composition tout particulier, une fois adopté, Beethoven devait-il unir les voix à l'orchestre en employant les mêmes procédés que pour l'opéra ou l'oratorio? Évidemment non. Aussi la partie vocale est-elle représentée par des chœurs, des soli, et non par des *personnages*. Les rôles solos des chœurs correspondent ainsi aux rôles solos de l'orchestre c'est, par exemple, d'un côté une voix seule, de l'autre un instrument solo ; là des voix réunies, ici un ensembie instrumental, et par instants tout cela à la fois.

(1) Notre appréciation diffère de celle d'un critique compositeur qui s'exprime ainsi : « L'incessant besoin de progresser fit imaginer à Beethoven la symphonie avec chœurs ; mais, dans cette audacieuse tentative, la masse instrumentale l'emporte presque constamment sur la masse vocale, et, *malgré lui*, Beethoven reste encore le plus grand de tous les symphonistes. »

A. Elwart, *Histoire de la Société des concerts*.

Les *soli* ne représentant point des personnages, ne devaient pas, cela se comprend, chanter comme ceux-ci; de même que dans l'orchestre la partie de premier violon diffère d'une *partie principale* de concerto.

Mais cet intérêt d'ensemble est malheureusement au désavantage du virtuose et surtout du chanteur. Ne serait-ce point là une des causes qui font dire que le *finale* de la symphonie avec chœurs « est mal écrit pour les voix » (nous verrons plus loin); qu'il est d'une « difficulté horrible » (nous sommes de cet avis); qu'il est « inchantable » (ne nous prononçons pas encore); en somme, que les voix sont écrites « comme des instruments » ?

Quant à cette dernière appréciation, elle est des plus justes. Oui! les voix sont écrites comme des instruments. Nous reconnaissons hautement cette vérité; et sur ce point s'attache notre admiration! Beethoven en adjoignant les voix à l'orchestre a prétendu unir des chanteurs-symphonistes aux exécutants. Il a voulu augmenter ses ressources en appelant à son aide de nouveaux auxiliaires, mais en leur imposant précisément les mêmes devoirs. Pour ne point se départir de la *symphonie*, Beethoven n'a compté ses interprètes que parmi les exécutants-symphonistes, instrumentistes et chanteurs.

Mais voyons en quoi ce *finale* est « mal écrit pour les voix » et de plus « inchantable ».

Nous ne ferons point ici une longue digression pour examiner les diverses phases de l'art du chant, depuis l'époque où Beethoven écrivit sa 9e symphonie jusqu'à nos jours. Nous invoquerons simplement nos souvenirs, en comparant ce que l'on entend actuellement avec ce que nous avons entendu.

Autrefois, lorsque nos maîtres avaient à guider un instrumentiste en ce qui touche le style, le goût, la méthode d'exécution, ils lui conseillaient d'aller entendre les grands chanteurs : Nourrit, Ponchard, Levasseur, Mme Damoreau, Mlle Falcon, Mme Dorus-Gras, etc. (1).

On appréciait bien la voix, mais plus encore le talent des artistes.

On chantait avec goût, avec style et en mesure dans les différents mouvements. On chantait alors, ce qui est autre chose que de dire et de bien sentir, même avec expression. Les voix étaient souples et naturelles. Les difficultés à vaincre comprenaient l'art du chant, et non l'art de former ou de déformer les voix. Les premiers sujets interprétaient également le grand opéra ainsi que l'opéra de demi-caractère (2). Ils chantaient et vocalisaient. Un chanteur n'eût pas été un grand artiste s'il n'eût possédé ces deux genres d'interprétation (3).

Telle était la nature du chant, dont on pourra se faire une idée en ouvrant les partitions (de bibliothèque actuellement) (4) qui ont vu le jour sous le règne des grands chanteurs que nous venons de citer.

Les difficultés d'exécution vocale qu'on y rencontre, eu égard aux voix exercées de l'époque, sont-elles donc moindres

(1) Aujourd'hui c'est le contraire : les professeurs engagent leurs élèves à prendre modèle sur les instrumentistes.

(2) Nourrit, Levasseur, Mme Damoreau, etc., interprétaient tour à tour *Robert le Diable*, *Guillaume-Tell*, *les Huguenots*, etc., *le Philtre*, *le comte Ory*, *le Serment*, *le Dieu et la Bayadère*, etc.

(3) Le *Davidde penitente* de Mozart exige ces deux conditions vocales d'exécution; sans leur concours, c'est une œuvre où les voix sont écrites « comme des instruments ».

(4) *Gustave III ou le Bal masqué* d'Auber, entre autres preuves irrécusables, et tout le répertoire rossinien, etc., etc.

que les difficultés du chant de la symphonie avec chœurs? Non, mais elles sont différentes; elles ne s'adressent point au virtuose, mais à l'artiste.

Le progrès ne pouvait-il pas rehausser le chanteur aussi bien que l'exécutant? Baillot, l'habile soliste, ne devint-il pas, par la suite, le célèbre, l'admirable interprète des classiques? La virtuosité demeurant, l'artiste a grandi plus encore.

Eh bien! ce qui s'est accompli sous nos yeux chez l'exécutant, Beethoven l'a rêvé pour le chanteur. Doué d'une voix naturelle, le chanteur-artiste était pour lui un symphoniste de plus.

Mais ce rêve ne s'est point réalisé. Est-ce un avantage pour l'art du chant? Nous n'avons pas à envisager cette question. On peut du moins le regretter dans l'intérêt de l'exécution vocale de l'œuvre que nous admirons.

En définitive, les conditions réclamées par l'auteur pour l'exécution vocale de la symphonie avec chœurs sont, comme on a pu s'en convaincre, des voix naturelles exercées, des chanteurs-artistes s'initiant par l'étude à un genre de production auquel ils ne doivent pas rester étrangers : celui de la symphonie. On conçoit combien il est difficile aujourd'hui de rencontrer, chez les chanteurs, ces conditions réunies, l'art du chant ayant fait un progrès tout contraire. Cependant ne pourrait-on pas confier cette délicate mission à des soli-artistes (autant que faire se peut); à des voix faciles dont l'émission permettrait la marche du mouvement, en assurant à la fois la justesse et la mesure; à de véritables *soli*, et non à des *personnages* représentés. On aurait alors un même style pour le chœur et les coryphées. Ceux-ci pourraient désormais chanter avec le chœur, tels que les instruments solos participent à l'ensemble de l'orchestre. Le chef seul devrait être isolé, et placé de manière à commander et du geste et du regard les *soli* ainsi que les masses vocale et instrumentale.

Cette mise en scène répondrait, selon nous, à la nature exceptionnelle de l'œuvre, c'est-à-dire à la symphonie *avec chœurs*. Elle serait d'un grand secours à la perfection d'exécution que nous rêvons pour cet incomparable chef-d'œuvre.

Dans notre collection des œuvres complètes de Beethoven, nous avons revu et annoté la partition de la symphonie avec chœurs. Nous nous sommes attaché à rendre conforme la partie chorale — traduction française de Bélanger — avec la prosodie du texte allemand. Ce travail reproduit exactement les intentions du maître.

Cette minutie des détails, en ce qui concerne l'exécution vocale des œuvres traduites, est généralement négligée; on ne saurait cependant méconnaître l'importance que présente la conformité des textes. D'un chef-d'œuvre, on doit tout reproduire avec la plus grande exactitude!

CATALOGUE.

L'énoncé du nombre des symphonies de Beethoven n'est point nécessaire ici. Tout le monde regrette, nous en sommes certain, de ne pouvoir compter, dans l'œuvre de l'illustre maître, que neuf partitions qui forment la collection symphonique (pour orchestre) de Beethoven, ce Titan de la symphonie. En ce qui concerne la publication de ses œuvres, « Beethoven lui-même n'a pas trouvé grâce devant les éditeurs allemands, et c'est un éditeur de Paris, Richault, qui le premier a gravé de ce puissant génie les cinq concertos pour piano en grande partition, son concerto de violon, son concerto pour piano, violon et violoncelle, et sa fantaisie avec chœur et orchestre. Quand un Allemand, en Allemagne, voulait lire, il y a peu d'années encore, l'un ou l'autre de ces ouvrages, il le faisait venir de Paris. Les symphonies de Beethoven n'ont été que très-tard gravées en partition en Allemagne. On les a jouées pendant vingt ans avant qu'un éditeur se décidât, dans la musicale Germanie, à les publier en grande partition. Une seule de ces symphonies avait trouvé grâce devant la spéculation allemande, c'est la *symphonie avec chœurs.* Mais pourquoi? Par ce qu'elle était d'une exécution si difficile, qu'il fallait pour la conduire plus qu'un violon conducteur, il fallait la partition tout entière (1). »

(1) *La Musique, les Musiciens*, etc., par Oscar Comettant.

CATALOGUE DES SYMPHONIES
DE L. VAN BEETHOVEN.

INDEX THÉMATIQUE.

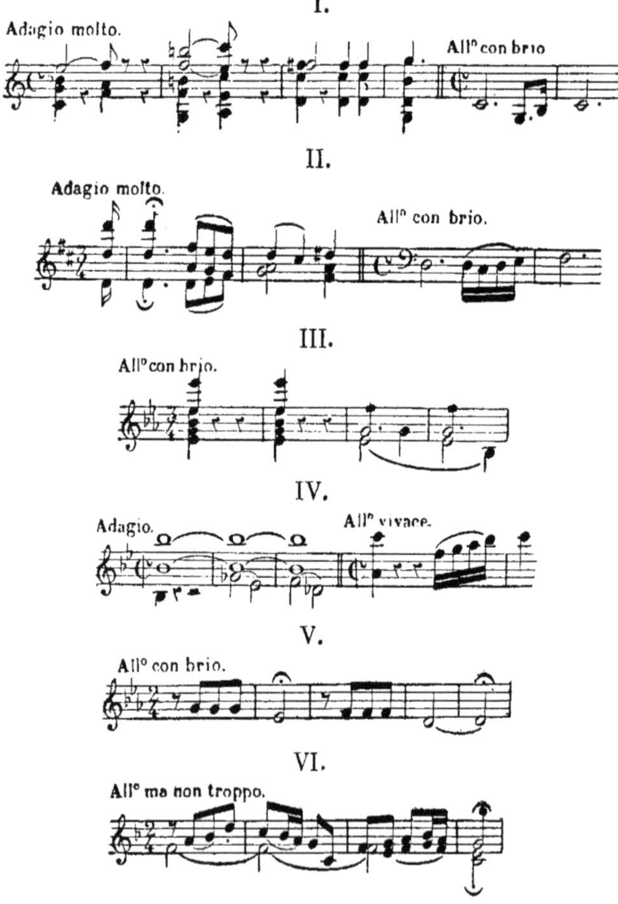

CATALOGUE DES SYMPHONIES
DE L. VAN BEETHOVEN.

COMPOSITION DE L'ORCHESTRE EN DEHORS DU QUATUOR.

I.

2 flûtes, 2 hautbois, 2 clarinettes, 2 bassons, 2 cors, trompettes et timbales.

II.

2 flûtes, 2 hautbois, 2 clarinettes, 2 bassons, 2 cors, trompettes et timbales.

III.

2 flûtes, 2 hautbois, 2 clarinettes, 2 bassons, 3 cors, trompettes et timbales.

IV.

1 flûte, 2 hautbois, 2 clarinettes, 2 bassons, 2 cors, trompettes et timbales.

V.

2 flûtes, 2 hautbois, 2 clarinettes, 2 cors, trompettes et timbales (1 contre-basson et 3 trombones dans le finale).

VI.

2 flûtes, 2 hautbois, 2 clarinettes, 2 bassons, 2 cors, trompettes et timbales, 2 trombones.

INDEX THÉMATIQUE.

VII.

IX (avec chœurs).

COMPOSITION DE L'ORCHESTRE EN DEHORS DU QUATUOR.

VII.

2 flûtes, 2 hautbois, 2 clarinettes, 2 bassons, 2 cors, trompettes timbales.

VIII.

2 flûtes, 2 hautbois, 2 clarinettes, 2 bassons, 2 cors, trompettes et timbales.

IX.

2 flûtes, petite flûte, 2 hautbois, 2 clarinettes, 2 bassons, 4 cors, trompettes, timbales, contre-basson, trombones (triangle, cymbales, grosse caisse).

PIÈCES DIVERSES.

DE L'INTERPRÉTATION

DES

AUTEURS CLASSIQUES.

I.

Des nuances.

C'est, pour le compositeur, une étude laborieuse, mais intéressante que la lecture de chaque partie d'orchestre d'une symphonie. Les instruments dont se compose la partition, pris séparément, sont comme les matériaux épars d'un édifice qu'il s'agit de construire. Leur réunion constitue l'œuvre.

En se rendant compte du degré d'importance de chacune de ces parties, on peut avoir une idée du rôle que chaque instrument est appelé à remplir dans l'ensemble. Les côtés en relief sont saisis à première vue ; les vides laissant pénétrer dans l'inconnu, l'imagination flotte incertaine au milieu de toutes ces parties désunies. Le caractère de l'œuvre, ses proportions apparaissent successivement; l'idée mélodique, ses contours, certains détails sont quelquefois susceptibles d'être appréciés; mais on ne peut, en réalité, juger de l'ensemble de l'œuvre que par le tracé du plan, la réunion des lignes, c'est-à-dire la partition. La réalisation de l'effet voulu par l'auteur est réservée à l'exécution.

Et si l'on se fait l'architecte, l'artiste curieux de présider à la mise en place des parties d'un tout, d'une œuvre conçue, si l'on devient le copiste intelligent du maître, en reconstruisant soi-même la partition, c'est alors que la lumière se fait insensiblement : les idées se colorent, les formes se déterminent, les détails entrevus deviennent intéressants; une harmonie d'abord simple s'augmente d'appogiatures, de dissonances imprévues; les dessins se succèdent, les rhythmes se croisent. La pensée du maître, en un mot, se dresse à vue d'œil; tout s'assemble, tout se complète; l'œuvre elle-même est à la fin obtenue. C'est un jeu de patience à l'aide duquel on s'initie au génie du compositeur (1).

A l'époque où les œuvres symphoniques de Haydn et de Mozart n'étaient publiées qu'en parties d'orchestre, les partitions n'ayant point obtenu encore le privilége de la publication, les parties séparées, gravées d'après les premières copies des originaux, étaient alors la seule expression qu'on pût avoir des intentions d'un auteur, le seul texte authentique, à part

(1) Dès qu'on eut dit à Mozart que « l'école Saint-Thomas, à Leipzig, possédait la collection complète des motets de son ancien maître de chapelle, Bach, et qu'elle les conservait comme des reliques, « Oh! donnez-les-moi, » fit Mozart. Mais on n'avait pas de partition des œuvres de Bach, et Mozart se fit alors donner copie de la musique de chaque voix et c'était un plaisir de le voir absorbé dans un examen enthousiaste des feuilles qu'il tenait sur ses genoux. »

Le Docteur Henri Doering.

certaines irrégularités, certaines fautes presque inévitables, et qui sont, à en juger par cette étude, parfois difficiles, si non impossibles à rectifier.

Une fois l'usage de la gravure établi pour les partitions, on pouvait croire que celles-ci seraient la reproduction littérale des parties gravées antérieurement. Les exemples que nous avons cités prouvent qu'il en a été autrement.

En reconnaissant aujourd'hui ces faits comme exacts, il est impossible d'accepter sérieusement les éditions qui nous arrivent de l'étranger avec tout leur luxe; il est temps de faire justice de ces sortes d'exploitation, et de maintenir le droit de priorité là où il est acquis.

Cependant il faut reconnaître que le texte que nous invoquons n'est pas de son côté irréprochable. Les parties d'orchestre, publiées bien avant les partitions, ont pu jouir du bénéfice des éditions renouvelées, voire même des inexactitudes qu'elles ont amenées.

Des copies vraisemblablement retouchées ont dû servir de modèles à la gravure, et il en est résulté certains écarts des originaux, surtout à l'endroit des nuances et des liaisons où s'adresse particulièrement notre remarque.

Les nuances, dans la *symphonie*, chez Haydn ainsi que chez Mozart, ont deux physionomies distinctes : elles sont absolues dans leur acception vraie, comme nuances ordinaires et d'expression; elles sont relatives, eu égard aux moyens d'exécution d'autrefois.

C'est ainsi, par exemple, que dans les œuvres de ces deux maîtres les nuances se présentent :

1° Le *piano* et le *forte*, — sous une forme naturelle, et dans une juste proportion (le *pianissimo* et le *fortissimo* étant exceptionnels). Chacune de ces nuances réside dans l'idée elle-même, qu'une interprétation vraie des moyens d'exécution précis, peuvent rendre selon l'intention première;

2° Le *crescendo* et le *diminuendo*, — avec une réserve soumise au degré d'intensité des deux nuances ordinaires, le *piano* et le *forte;*

3° Le *rinforzando*, — comprenant le *crescendo* suivi du *diminuendo*, d'une manière plus ou moins marquée, suivant la nuance principale dans laquelle il se trouve employé. Telles sont les simples nuances caractéristiques de cette époque. Nous résumerons leur emploi.

C'est, en général, l'une ou l'autre nuance, soit le *piano*, soit le *forte*, alternant à distance ménagée, par période, reprise ou variation. Les *crescendo* et *diminuendo* sont peu fréquents, surtout, considérés comme liaison d'une nuance à l'autre; le *rinforzando* est, au contraire, souvent indiqué : ce dernier caractérise particulièrement l'accent expressif. Il importe de lui donner l'extension précise qu'il réclame. Les *appuis, appogiatures*, ainsi que d'autres accents expressifs, ne sont que très-rarement marqués. Les passages correspondant à ces diverses acceptions conçues par l'auteur, mais que nul signe n'accompagne, doivent, néanmoins, être exprimés par l'exécutant : la perfection d'exécution ne s'obtient qu'en rendant fidèlement et avec esprit la pensée du maître.

Une disposition de nuance, observée à cette époque, et affectée au dernier morceau de la *symphonie*, appelle naturellement notre attention.

On a sans doute remarqué que la coupe du *finale* se rapportait autrefois à la forme du rondeau. En effet, le motif principal est composé de deux reprises qui se répètent généralement deux fois, après lesquelles viennent les développements, le corps du morceau, la péroraison. Dans cette donnée qui est restée longtemps en usage, l'exposition du motif est toujours *piano* et sans accent; ce n'est qu'après les deux reprises qu'apparaissent les *tutti*, les *forte*, les accents que comporte le caractère du morceau. Cette intention caractéristique est méconnue dans mainte exécution. On croirait qu'un tel état de choses n'est plus réalisable aujourd'hui; il est différent des idées actuelles, voilà tout (1).

Les liaisons n'étaient point à cette époque envisagées comme elles le sont aujourd'hui. Elles n'exprimaient d'ordinaire que le phrasé de la mélodie, certaines résolutions d'accord et la tenue des notes syncopées ou prolongées; en somme, elles étaient considérées comme la prosodie naturelle, soit dans le *cantabile*, soit dans le *trait*, etc. La régularité de la nota-

(1) Mozart, dans une de ses lettres, donne les détails suivants concernant une de ses symphonies (la 39e, en *ré*, n° 9, édition Breitkopf et Härtel).

« .... Dès le milieu du premier allegro il y avait un *passage* que je savais devoir plaire : tous les auditeurs furent ravis, et il y eut un grand *applaudissement*. Mais comme je savais, en l'écrivant, quel effet produirait ce passage, je l'avais fait reparaître à la fin, — puis *da capo*. L'andante plut également, mais surtout le dernier allegro. Comme j'avais appris qu'ici (à Paris [*]) tous les derniers allegros, ainsi que les premiers, partaient avec tous les instruments en même temps et commençaient la plupart *unisono*, j'avais commencé le mien par les deux violons seuls, *piano*, pendant huit mesures, — puis immédiatement un *forte*, de sorte que l'auditoire, comme je m'y attendais, fit au piano : chut ! — puis au forte, les mains partirent et les applaudissements s'unirent aux instruments. »

Mozart a souvent adopté cette disposition pour le *finale*.

(*) Où la nuance contraire était en usage pour les ouvertures surtout : on sait avec quel enthousiasme le public impatient attendait le moment « où le premier coup d'archet de l'opéra, érigé en merveille dans le monde provincial, éclate à l'orchestre... »

— Un homme qui a bien mérité l'admiration qu'il inspire (M. Rousseau de Genève), a désiré que l'ouverture commençât par un morceau fort et éclatant, pour qu'elle tranchât vivement avec le bruit que font les instruments quand on les accorde, et afin qu'aucune de ces parties ne fût perdue pour l'auditeur. DE LACÉPÈDE.

tion moderne, en ce qui touche la valeur réelle des notes exprimées, des signes marqués, des liaisons observées scrupuleusement, fait que nous avons, par la suite, appliqué aux liaisons, dans les œuvres anciennes, une attribution spéciale qui s'est développée de nos jours d'une manière exagérée. Pour ne parler que des instruments à cordes, les exécutants sont arrivés à comprendre les *coulés* comme autant de coups d'archet, ce qui détermine par conséquent et le *tiré* et le *poussé*. Il en résulte que, lorsque cette interprétation rigoureuse n'est point prévue par l'auteur, les nuances se trouvent quelquefois compromises, et que, par exemple, on arrive en poussant sur un *forte*, ou en tirant sur un *piano*. (Voir le chap. IV.)

Quant aux nuances relatives, ainsi qu'aux écarts du texte original qu'elles ont amenés, on en trouve les principales causes dans la composition de l'orchestre.

Du temps de Haydn et de Mozart, les orchestres n'étaient pas ce que sont les nôtres. Les ressources étaient restreintes, la pondération ne s'y rencontrait point. Les instruments étaient considérés selon leur nature distincte et suivant leurs moyens respectifs; la puissance de notre quatuor était ignorée.

Les proportions du quatuor de l'orchestre, du temps de Haydn, nous sont indiquées naturellement par la disposition que le maître a prise pour l'une de ses symphonies. La 16e, *où l'on s'en va* (le Départ), se termine par un morceau où toutes les parties des instruments finissant successivement les unes après les autres laissent à la fin, comme seuls privilégiés, deux violons, deux parties distinctes, conclure en solo cette œuvre d'ensemble. Pour arriver à cet effet, le compositeur a donné à chaque instrumentiste une partie spéciale : cette division, pour les violons, détermine le nombre de quatre premiers et quatre seconds. On peut aisément, d'après cette indication, juger approximativement de la composition, à cette époque, du quatuor de l'orchestre. Ce côté de la balance, aujourd'hui la base de l'édifice orchestral, est demeuré longtemps dans une faible proportion avec l'*harmonie* qui s'est insensiblement, et en peu de temps, augmentée de nouveaux instruments : les premières symphonies de Haydn comptent six instruments à vent; les dernières ont l'*harmonie* formée de treize parties. C'est le grand orchestre de Mozart auquel Beethoven ajoute deux cors et parfois deux ou trois trombones.

C'est ainsi que, pour parer à des inégalités produites conséquemment, il arrivait parfois aux auteurs et surtout aux exécutants de souligner des passages importants pour qu'ils fussent, comme on dit aujourd'hui : *un peu entendus*. Les nuances de détail n'existaient point encore, et ces indications relatives ne figuraient pas dans le vocabulaire usuel. De sorte qu'un trait souligné, c'est-à-dire devant être *un peu entendu,* se marquait alors par un *f*, tout naturellement, surtout si la partie instrumentale devant l'exécuter manquait de pondération. Il s'ensuit qu'aujourd'hui, si nous ne remplaçons pas ces indications relatives par des signes précis dont notre notation s'est enrichie, la lettre tue l'esprit.

Un exemple remarquable est présent à notre mémoire : c'est la rentrée de basse, à la deuxième reprise du thème de l'*andante*, dans la symphonie en *mi* bémol de Mozart.

Cette gamme descendante, exécutée, dès l'origine, par un nombre insuffisant d'instrumentistes, a donc été couronnée d'un *f*. Et le Conservatoire de l'interpréter *con furore* par sa vaillante phalange de violoncelles et de contre-basses! Cette interprétation moderne, renchérissant encore sur la nuance relative, est cependant toute contraire au caractère de l'idée du compositeur.

Chez Beethoven, Mendelssohn, etc., etc., les nuances se divisent en simples et en composées; les accents sont multipliés; les signes distincts; les qualifications ainsi que les modifications sont précises; le *legato* et le *staccato* déterminés soigneusement; les mouvements et les diverses fluctuations dont ils sont susceptibles ont une marque spéciale; en somme, les procédés actuels d'écriture répondent exactement aux conditions de l'exécution moderne.

Aussi l'application des différentes nuances, absolues ou relatives, simples ou composées, est-elle un point délicat pour l'exécution à l'orchestre. Il est difficile de préciser le degré d'intensité applicable, surtout si l'on veut éviter de tomber dans l'exagération. « Souvent voulant faire preuve de zèle, dit Berlioz, ou par défaut de délicatesse dans son sentiment musical, un chef exige de ses musiciens l'*exagération des nuances*. Il ne comprend ni le caractère ni le style du morceau. Les nuances deviennent alors des taches, les accents des cris, etc., etc. (1). »

Il en est des mouvements comme des nuances. Le caractère distinctif ainsi que le style propre des auteurs doivent guider pour l'interprétation des mêmes termes employés différemment, c'est-à-dire concernant soit une introduction, soit un

(1) *Le Chef d'orchestre, la théorie de son art.*

morceau. Dans ce cas, le mouvement sera différent selon l'application qu'il aura reçue (voir le § III *Des mouvements*).

Indépendamment de ces avantages réels, la publication des partitions ayant suivi la gravure des parties d'orchestre, on pouvait désormais prétendre à une régularité de texte, à une conformité religieusement observée pour les deux modes d'expression auxquels on n'était point encore accoutumé.

Les signes caractéristiques de la notation moderne, ces indications précises de la pensée, en un mot, l'écriture d'une langue perfectionnée, toutes ces nouveautés devaient à leur tour concourir aux progrès de l'art.

Mais, ces richesses de notre époque ne sont pas dues seulement aux progrès de l'exécution; les génies qui se sont succédé ont doté, chacun selon sa nature, l'art de la composition d'inventions nouvelles. Les moyens d'exécution dont ils disposaient ne leur étant pas suffisants, ils en ont créé d'autres; les effets obtenus par l'imagination féconde des maîtres, s'augmentant, se transformant, grandissant successivement, ont fait naître de nouveaux signes d'expression, besoin impérieux de toute idée nouvelle.

Aussi, la notation, cette science merveilleuse de la réalisation de la pensée, est-elle parvenue de nos jours à un degré de perfection qu'il est difficile de dépasser.

II.

Des articulations.

Dans une brochure intitulée : *La notation de la musique classique comparée à la notation de la musique moderne*, etc., nous avons emprunté au dictionnaire de musique de J.-J. Rousseau les définitions suivantes :

« Coulé. — Le coulé se fait lorsque, au lieu de marquer en chantant chaque note d'un coup de gosier, ou d'un coup d'archet sur les instruments à cordes, ou d'un coup de langue sur les instruments à vent, on passe deux ou plusieurs notes sous la même articulation en prolongeant la même aspiration, ou en continuant de tirer ou de pousser le même coup d'archet sur toutes les notes couvertes d'un coulé.

« Liaison. — Le coulé se marque par une liaison qui couvre toutes les notes qu'il doit embrasser, etc. »

D'après ces définitions, il résulte, en principe, que chaque coulé ou liaison détermine, pour la voix, une nouvelle aspiration; pour les instruments à cordes, un nouveau coup d'archet; et pour les instruments à vent, un nouveau coup de langue; que les notes articulées, c'est-à-dire n'ayant point de liaison, marquent, chacune séparément, ou un coup de gosier, ou un coup d'archet, ou un coup de langue distinct.

Ceci laisse à supposer que, dans toute musique, chaque période de notes réunies, et non interrompues par un ou plusieurs silences, devra être interprétée de la même manière par tous les exécutants; et que, dans l'ensemble, à l'orchestre, par exemple, les archets (pour ne parler ici que de chacune des parties du quatuor) seront soumis à une même impulsion, comme s'ils étaient dirigés par une seule main, une fois que le tiré ou le poussé aura été réglé pour la première note ou point de départ de chaque période (1).

(1) Il n'y a pas de règle absolue, quant au début d'une phrase ou d'un morceau. — On est convenu cependant de pousser l'archet au début de l'ouverture de Freyschutz, et de le tirer pour l'attaque de l'ouverture d'Euryanthe, etc. (voir page 208).

Mais les choses vont tout autrement, comme on sait.

Les coups d'archet résultent des individualités selon la nature et le sentiment de chaque artiste. Il est donc bien difficile, sinon impossible, à deux ou plusieurs instrumentistes, jouant d'un même instrument, d'obtenir, en exécutant la même partie, une exécution similaire, et de soumettre ainsi le sentiment individuel à une même direction.

Les liaisons ou coulés, ainsi que les notes articulées, ne gouvernent point, d'une manière absolue du moins, les coups d'archet de l'exécutant. Les raisons que l'on peut invoquer en faveur de cette assertion sont nombreuses et difficiles à préciser. Nous essayerons néanmoins d'en présenter quelques-unes.

Les auteurs n'ont pas toujours attribué aux liaisons le même sens; ils n'ont pas toujours entendu régler le tiré et le poussé de l'archet. Et, comme on l'a vu, les époques diffèrent entre elles, quant à la manière dont sont employés les signes de liaison.

Autrefois les coulés étaient partiellement indiqués, et les coups d'archet par cela même plus fréquents. Le violoniste ne possédant pas encore l'archet des modernes avait naturellement un jeu restreint, et le milieu de l'archet était apte aussi bien à l'interprétation du coulé qu'à celle du détaché. On conçoit que ces deux modes devaient se reproduire fréquemment. Aujourd'hui que l'archet du violoniste est plus long, n'ayant plus la forme de l'arc, les articulations peuvent être reproduites. L'exécution moderne a guidé les auteurs sur ce point. Ainsi, tel passage, qui autrefois comportait plusieurs coulés, plusieurs coups d'archet, aujourd'hui peut être dit d'un seul coup d'archet et en une seule liaison.

Généralement les coulés suivaient la *coupe* donnée aux valeurs des notes par la copie et la gravure : par exemple, les croches, les doubles croches, coupées par trois ou par quatre, par six ou par huit (1). Maintenant, on met également une seule liaison sur un ou plusieurs groupes de croches ou de doubles croches, et quelquefois sur une ou plusieurs mesures (2).

Les instrumentistes modernes ayant insensiblement amené les auteurs à préciser leurs intentions, soit comme nuances, soit comme articulations, les auteurs modernes ont, à leur tour, entraîné les instrumentistes vers un système plus précis encore, mais dont ils ne soupçonnaient pas certainement l'influence. Ainsi, les exécutants ont trouvé dans la notation moderne, dans l'indication des nuances et des articulations, en un mot, dans le soin minutieux apporté aux détails, une intention formelle de la part des auteurs, tant pour l'interprétation des nuances que pour celle des coups d'archet. De là, les instrumentistes-compositeurs sont arrivés à régler d'une manière absolue et les liaisons et les coups d'archet, à l'aide de certains signes qu'ils ont inventés pour le tiré et le poussé, ainsi que pour préciser les différentes articulations (3).

Mais ce qui peut s'admettre pour une exécution réfléchie, arrêtée, et tenant de la fantaisie individuelle, comme celle

(1) Voir exemples A, page 195.

(2) Voir exemples B, page 197.

(3) Certains compositeurs-violonistes modernes ont, par des coulés et des détachés précis, fixé les coups d'archet de manière à régler uniformément, soit une phrase, soit un morceau entier. Mais ce mode d'écriture appartient spécialement au soliste, et n'est imité qu'exceptionnellement par les auteurs. (Voir *La Notation de la musique classique*, etc., par E. Deldevez.)

du soliste, ne saurait être employé dans un ensemble, et par conséquent à l'orchestre, où il s'agit, avant tout, de rendre fidèlement les nuances et les articulations exprimées par les auteurs. Et c'est précisément cette régularité d'exécution que l'on veut appliquer à l'orchestre, comme une intention du compositeur, qui, selon nous, porte atteinte, parfois, à la reproduction de la pensée du maître.

Le tiré et le poussé de l'archet sont naturellement livrés au sentiment individuel de chacun des instrumentistes. Cependant il se rencontre souvent, soit dans les nuances indiquées, soit dans les valeurs écrites, certaines dispositions, certaines intentions des auteurs qui dominent alors le sentiment de l'exécutant. Souvent aussi, il faut le reconnaître, le sentiment de l'exécutant est en parfait rapport avec les intentions émises par le compositeur. Mais, comme l'archet du violoniste, par exemple, peut parfaitement rendre un même passage de plusieurs manières, c'est-à-dire par des coups d'archet différents, et cela sans en changer le caractère, il est des cas où l'exécutant pourra préférer, soit à cause de la nuance, du style, de l'expression de la phrase, tels ou tels coups d'archet, en remplacement de ceux que l'auteur aura indiqués, mais qui rendront également bien, et peut-être mieux encore, l'intention du compositeur, sous le rapport de l'articulation (1).

Dans l'exécution orchestrale, les nuances et les articulations partielles ou générales, sont en première ligne, nous l'affirmons. Les coups d'archet doivent obéir à ce principe. Or, comment le violoniste parviendra-t-il à observer rigoureusement la nuance *piano* et surtout celle *pianissimo,* s'il persiste à conduire son archet en suivant ponctuellement les liaisons

(1) Voir exemples C, page 200.

et les articulations distinctes, comme une règle absolue? D'autre part, comment conservera-t-il la puissance nécessaire au *fortissimo,* s'il est contraint, par une liaison prolongée, de ne point renouveler son coup d'archet et d'arriver, par exemple, en poussant à une attaque vigoureuse (1)?

Il se peut que, dans le courant de l'exécution, l'instrumentiste ait son archet placé un peu trop au talon sur la corde par rapport à la nuance indiquée. Alors la reproduction des coups d'archet distincts, l'empêchera indubitablement de parvenir à la pointe que réclame nécessairement le *piano*, et la nuance sera compromise, — car il est impossible de jouer aussi piano du talon que de la pointe, surtout si les coups d'archet se succèdent rapidement. Tandis qu'en maintenant le même nombre de coulés et d'articulations marqués (et cela est possible), si le violoniste, une fois arrivé au talon, exécute plusieurs coups d'archet, ainsi que plusieurs coulés, d'une façon distincte, en un seul poussé ou tiré d'archet, il se trouvera promptement à la pointe, et en position de rendre d'une manière plus certaine la nuance *pianissimo*. Et, à l'opposé, s'il veut observer scrupuleusement une liaison prolongée, dans le *fortissimo,* il sentira faiblir la nuance du *forte* là où la puissance sonore réclame encore toute la verve de l'exécution (2).

Non! les auteurs n'ont point prétendu enchaîner les instrumentistes en leur imposant d'une manière absolue les coups d'archet; mais ils ont eu, évidemment pour but d'indiquer, avec le plus de précision possible, leurs intentions que les exécutants doivent exprimer, bien que par des moyens quelquefois différents, mais aussi plus certains.

(1) Voir exemples B, page 197.
(2) Voir exemples B, page 197.

Nous sommes donc opposé, en principe, à cette régularité d'archet que parfois on commande à l'orchestre. Les nuances ont, pour nous, un caractère plus impérieux que les coups d'archet, et, nous l'avouons, nous tenons moins à ceux-ci qu'à celles-là.

Nous compléterons cette étude par quelques exemples de nature à mettre en relief notre opinion à l'égard des articulations. Ces exemples s'adressent particulièrement aux violonistes, le violon étant l'instrument dominateur du quatuor, nous pouvons dire de l'orchestre.

EXEMPLES.

A. **Coulés et coups d'archet déterminés.**

Haydn. **31e Symphonie.** (*Lettre* q.)

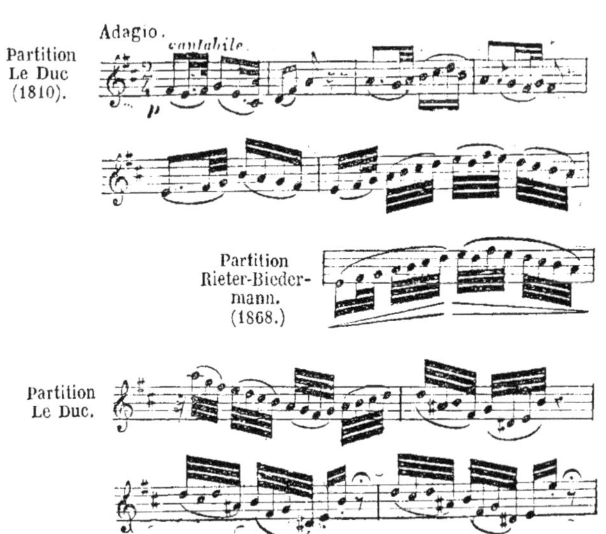

Haydn. **21e Symphonie.** (*La Reine.*)

Haydn. **41e Symphonie.** (*Ut mineur.*)

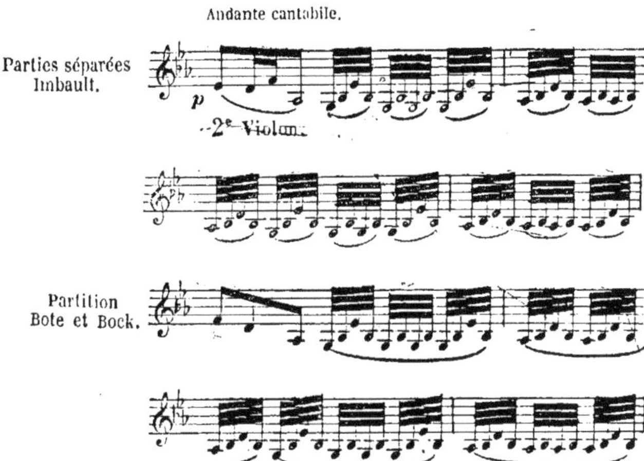

EXEMPLES

DE LIAISONS EMPLOYÉES D'UNE MANIÈRE GÉNÉRALE, C'EST-A-DIRE SANS COUPS D'ARCHET DÉTERMINÉS.

B. **Coulés et coups d'archet prolongés (liaison générale).**

Ce coulé prolongé contient deux articulations distinctes : la première, affectée naturellement à la première note, ou point de départ de la liaison ; la seconde (sous-entendue), destinée à l'exécution de la petite note. En effet, il ne peut se rencontrer dans une liaison deux mêmes notes non syncopées, sans que la percussion de la note répétée détermine une nouvelle articulation. Il est vrai que, dans une même liaison, on peut, comme nous l'avons dit, sans changer l'archet, marquer plusieurs coups distincts. Les deux articulations que nous venons de désigner sont obligatoires pour l'exécutant, même en observant, ce qui nous paraît difficile, la liaison générale indiquée.

Ici la question se trouve résolue par les deux coulés placés à la partie de flûte.

Cette liaison générale sera bien certainement exécutée en deux coups d'archet, afin de commencer chaque mesure en tirant.

Beethoven. **Symphonie en la.** (N° 7.)

Dans ce passage, il est à craindre que la force du son ne diminue sensiblement, dans l'ensemble, à la 4e et à la 8e mesure, si tous les premiers violons ne changent *à volonté* l'archet, tout en observant le *legato* prescrit. Quant aux violoncelles et surtout aux contre-basses, les liaisons marquées sont impraticables. L'auteur n'a donc pas entendu préciser les coups d'archet, mais simplement indiquer un *legato* continu.

Afin de caractériser les différents modes d'interprétation des coups d'archet dans les passages énoncés ci-dessus nous avons désigné, d'un côté, le texte, de l'autre, l'exécution, par cette double définition : l'auteur ; l'exécutant.

C. **Coups d'archet d'expression et de style.**

Beethoven. **Symphonie pastorale.** (N° 6.)

III.

Des mouvements.

« Dans le dessein de rendre les productions des artistes familières à tous les peuples, l'on a adopté les mêmes signes pour représenter les notes et les mesures, et une même langue pour en indiquer le mouvement, les nuances et l'expression. »

« La langue que l'on a adoptée est la langue italienne (1). »

Avant que cet usage fût admis, le mouvement des morceaux n'était point indiqué. On le considérait alors comme résultant des valeurs exprimées, ainsi que des différentes mesures employées dans la notation : c'est ce que l'on entendait par *tempo giusto*. Chaque temps des mesures usitées avait une durée égale et généralement modérée. Le changement fréquent de mesures dans un même morceau, surtout dans la musique de chant, était la conséquence naturelle de la coupe des vers. Et la mélopée (qui a précédé, en France, la mélodie) exprimait simplement la déclamation des paroles (2).

De la mélopée de Lully est née la mélodie de Gluck.

La mélodie, une fois son règne arrivé, devait prendre son essor en développant successivement les nombreuses divisions de la *mesure*, et en faisant apparaître toutes les physionomies qu'elle était susceptible de revêtir. Il était désormais de toute nécessité que les mouvements fussent non-seulement indiqués, mais définis d'une manière précise, afin de caractériser chaque physionomie. C'est alors que la langue italienne vint se joindre à la langue (musicale) universelle.

Les termes italiens furent adoptés pour déterminer et qualifier les mouvements conçus par les auteurs. Ils remplacèrent dès lors les locutions françaises : *lent*, *modéré*, *gai*, *vite*, etc., dont l'usage n'avait eu au reste une longue durée.

La diversité des mesures ne fut que progressivement mise au jour. Il s'ensuivit qu'une fois les mouvements principaux déterminés, les mesures venant à se multiplier, les mêmes termes se trouvèrent alliés à des mesures différentes ; les di-

(1) *L'Interprète de la musique*, etc. (ÉTIENNE MERCKEL.)

(2) Voir les partitions de Lully, etc.

vers caractères s'imposant à cette division première, les mouvements principaux ne pouvaient avoir un sens particulier; aussi les qualifications allaient-elles surgir de toutes parts, et compléter les moyens de transmission de la pensée.

Cette application insuffisante a néanmoins subsisté un assez long temps, et les qualifications étant venues depuis se joindre aux différents mouvements, ceux-ci pour être définis dans leur véritable acception, doivent aujourd'hui être soumis à un examen sérieux. Il importe de distinguer les conditions sous lesquelles se trouvent présentés les termes indicatifs du mouvement :

— S'ils sont employés dans une mesure large, simple ou composée; — ou dans une mesure double ou brève, simple ou composée (les exemples suivants feront voir quelle influence ont les diverses mesures sur le mouvement);

— Si les termes indiqués sont des déterminatifs ou des qualificatifs seuls énoncés, etc., etc.

Ces conditions, comme on voit, sont nombreuses : développées, elles pourraient former une étude spéciale. Nous n'oserions l'entreprendre à cause de la difficulté de fixer aucune règle précise.

Quelques exemples comparés, quelques remarques importantes suffiront à cet aperçu pour éveiller du moins l'attention des interprètes, et faire naître peut-être un jour l'idée de continuer une étude que nous n'avons fait qu'effleurer.

Pour apprécier, avec toute la justesse possible, les principales modifications du mouvement A TEMPO GIUSTO qui, dans l'ordre du lent au vite, s'expriment par les mots : *largo, adagio, andante, allegro, presto,* il faut se rappeler que ces mots se rendent en français par les suivants : *lent, modéré, gracieux, gai, vite.*

TABLEAU.

Exemples comparés des mouvements principaux.

En exécutant mentalement les morceaux dont les thèmes sont exposés dans le tableau précédent, on reconnaîtra que chacun des cinq mouvements principaux indiqués par Haydn, Mozart, Beethoven, comporte une acception particulière. Le caractère distinctif de chaque œuvre, l'expression, les mesures d'un rhythme différent soumises à un même détermi-

(1) Cet exemple nous rappelle la recommandation du maître : Mozart faisant répéter cet air au chanteur Bassi lui dit : « Où j'indique *presto* faut-il chanter *prestissimo?* »

natif, ces raisons, et d'autres que l'on pourrait invoquer encore, font qu'un mouvement simple a, pour ainsi dire, plusieurs natures, c'est-à-dire qu'il ne porte en soi rien d'absolu. En effet, chaque terme du tableau, par trois fois énoncé, représente comme trois degrés que l'on pourrait apprécier, par exemple, par l'emploi du métronome. Il suffirait pour cela de fixer le chiffre correspondant à la valeur d'un temps de chaque mouvement simple, comme base générale, et d'essayer l'exécution des trois exemples portant la même indication avec le mouvement imposé par le métronome. Nul doute que le sentiment n'éprouve une contrainte pénible à suivre le battement du balancier marquant une même division appliquée à des exemples si différents de genre.

Ces sortes de fluctuations des mouvements principaux, dues aux divers caractères et à l'expression distincte de chaque morceau, démontrent l'utilité des qualificatifs. La nomenclature en est très-étendue ; elle permet toute espèce de modifications aux mouvements. Ces modifications étant précises, autant que faire se peut, il est inutile d'étendre ici le tableau des exemples. La pratique seule donne la connaissance de cette multitude d'expressions qui s'accroît de jour en jour.

Nous terminerons ce chapitre par une remarque.

La comparaison des mêmes termes exprimant un mouvement identique affecté aux morceaux de même nature, nous démontre combien le caractère distinctif de chacun de ces morceaux a d'influence sur le mouvement indiqué.

Le morceau symphonique dont le mouvement reçoit un plus grand nombre de modifications, à cause des différents caractères qu'il présente, est sans contredit le *scherzo*. Cependant, on tient généralement peu compte des variétés qui le caractérisent, et, à l'exécution, on l'interprète aujourd'hui avec une uniformité de mouvement dont la vitesse est le caractère principal, et cela malgré la diversité des expressions employées par les auteurs.

On appréciera la justesse de cette remarque par l'examen du tableau suivant des *scherzi* des symphonies de Beethoven.

Scherzo de la 1re symphonie.	Allegro molto e vivace 𝅗𝅥. = 108 (1).
Scherzo de la 2e symphonie.	Allegro 𝅗𝅥. = 100.
Scherzo de la 3e symphonie.	Allegro vivace 𝅗𝅥. = 116.
Scherzo de la 4e symphonie.	Allegro vivace 𝅗𝅥. = 100.
Scherzo de la 5e symphonie.	Allegro 𝅗𝅥. = 96.
Scherzo de la 6e symphonie.	Allegro 𝅗𝅥. = 108.
Scherzo de la 7e symphonie.	Presto 𝅗𝅥. = 132.
Minuetto de la 8e symphonie.	Tempo di minuetto ♩ = 126.
Scherzo de la 9e symphonie.	Molto vivace 𝅗𝅥. = 126.

La différence des mouvements, déterminée ici par le métronome, est-elle en rapport avec les différents termes exprimés?

(1) Indication du métronome de Maelzel, d'après la collection des œuvres complètes de Beethoven éditées par Breitkopf et Härtel, à Leipzig.

Cette question fera naître certainement une divergence d'appréciations qui rendront toujours périlleuse la mission si délicate d'interpréter, à l'exécution, les mouvements, selon le sentiment particulier des auteurs.

D'ailleurs, est-il bien certain, comme l'avance Schindler, que « Beethoven marqua les mouvements du métronome dans ses symphonies. » En tout cas, l'uniformité de mouvement, relativement à la vitesse avec laquelle on exécute ces différents *scherzi*, répond plutôt à l'acception générale du mot (1) qu'au caractère particulier de chaque *scherzo*.

Ries, de son côté, ne parle que de la grande sonate, op. 116, pour laquelle « il reçut du maître l'indication des mouvements au métronome. »

Cependant, on ne peut contester l'authenticité de la « désignation du métronome des temps communiqué par le compositeur, dans le journal allemand *Cæcilia*, 6e vol. page 158, copié chez M. Bottée de Toulmon par M. Fischhof de Vienne » (2) pour la neuvième symphonie, à la demande de Schott, éditeur, et de la société philharmonique de Londres. A ce sujet, Schindler rapporte « une circonstance qui montre le peu d'importance que le maître attachait au métronome. »

Nous laissons la parole à Schindler.

« Beethoven me pria de faire une copie des mouvements, préparés pour Schott, la mienne devait être envoyée à Londres avec la neuvième symphonie; mais au moment du départ, elle ne se retrouva plus. Il fallut donc recommencer le travail et marquer de nouveau tous les mouvements. A peine

(1) *Scherzo*, s. m., badinage. On donne ce nom à une composition musicale d'un style léger et dont le mouvement est très-vif.

(2) Partition de la symphonie avec chœurs, *édition de luxe*, éditée par Mme ve Launer.

Beethoven avait-il fini cette besogne, que je retrouvai ma copie. En la comparant aux nouveaux mouvements, nous vîmes qu'elle en différait entièrement dans tous les morceaux de la symphonie. Beethoven s'écria dans son humeur : « *Pas de métronome! Celui qui a un sentiment juste n'en a pas besoin. Quant a celui qui en est dépourvu, le métronome ne lui sera d'aucune utilité, il fera courir par là tout l'orchestre.* »

IV.

Du poussé et du tiré de l'archet dans les ouvertures de Freyschutz *et d'*Euryanthe.

« On est convenu de pousser l'archet, au début de l'ouverture de *Freyschutz*, et de le tirer pour l'attaque de l'ouverture d'*Euryanthe.* » Mais nous devons dire, à la vérité, que cette convention n'a pas été adoptée sans faire naître une opposition des plus persistantes, de la part de certains exécutants.

Sans nous préoccuper du caractère de cette opposition, nous envisagerons les deux modes d'interprétation, c'est-à-dire le tiré et le poussé de l'archet, pour chacune des ouvertures : *Freyschutz* et *Euryanthe.*

L'ouverture de *Freyschutz* commence, à deux reprises, par un unisson du quatuor composé chaque fois de deux mesures surmontées d'une seule et même liaison. La nuance *pianissimo*, le *crescendo* qui suit, le *forte* exprimé à la seconde mesure, d'une part ; de l'autre, le mouvement *adagio* de l'introduction, tout oblige l'exécutant de lier les deux mesures en deux coups d'archet au lieu d'un (à moins de rendre d'une manière insuffisante l'accent indiqué).

En présence de ces considérations, on comprend aisément que le poussé de l'archet soit préféré pour le *pianissimo*, ainsi que le tiré pour le *forte*, d'autant plus que le *forte*, précédé du crescendo, comprend les trois premiers temps de la mesure. Aussi, n'est-il guère d'objections manifestées à cet égard, aujourd'hui.

Il n'en est pas de même pour l'ouverture d'*Euryanthe*. Ici les avis sont partagés. Les uns prétendent commencer cette formidable attaque en poussant, les autres, en tirant.

Et ce qui occasionne cette diversité de sentiment, c'est le *mi*, noire syncopée qui se trouve au deuxième temps de la première mesure; cette note a le son plus soutenu, dit-on, d'une manière que de l'autre.

Si nous nous sommes bien fait comprendre dans le chapitre concernant la valeur relative des notes produites séparément par autant de coups d'archet, — ce qui s'entend par *détaché*, — on doit savoir maintenant que la percussion d'une note, quelle qu'en soit la valeur, exige un temps d'arrêt, si court de durée qu'il soit, de la part du son ou de la note qui précède chaque percussion nouvelle.

Or pourquoi toutes les notes vives exprimées par un nouveau coup d'archet (1) établissent-elles ce qu'on appelle le *détaché?* c'est qu'il est impossible de produire les sons dans un *trait*, c'est-à-dire la réunion de plusieurs notes vives, d'une façon marquée et distincte, sans les séparer, si peu que ce soit, les uns des autres.

(1) Ou par un nouveau coup de langue qui, pour les instruments à anches, se produit de trois manières, soit par *du du*, soit par *tu tu*, soit par *ttu, ttu*.

La noire du deuxième temps, syncopée avec la croche du triolet qui suit, aura donc forcément une valeur moindre que la valeur représentée, et cela à cause de la percussion de la note *si* qui vient après. Ainsi donc, que ces deux notes, le *mi* et le *si*, se produisent à l'aide de deux coups d'archet, ou d'un seul, simplement, elles n'en seront pas moins séparées l'une de l'autre, par le fait même de la percussion des deux notes, c'est-à-dire l'attaque, qui sera d'un côté renouvelée naturellement par deux coups d'archet, de l'autre, artificiellement exprimée par un seul, si l'on veut empêcher le coulé de se produire de *mi* à *si*.

Maintenant la percussion du *si*, après la noire syncopée, sera-t-elle aussi prompte à s'effectuer d'une manière comme de l'autre? Cette question n'est pas douteuse. Rien n'est impossible à l'archet du violoniste! Aucune difficulté d'exécution, aucun obstacle matériel n'existent dans chacun des deux modes d'interprétation des notes *mi*, *si*, quant à leur percussion respective : on peut les marquer aussi bien par un, comme par deux coups d'archet.

Elles n'ont, par conséquent, aucune influence sur l'attaque du début du motif.

Il s'agit à présent de déterminer le genre d'attaque qui convient le mieux au caractère énergique du premier triolet *fortissimo*.

L'attaque sera-t-elle aussi vigoureuse en poussant qu'en tirant?

Mais, avant de répondre à cette question qui ne présente

vraiment rien de sérieux, il est utile de faire remarquer le sentiment rhythmique que comporte dès le début le motif lui-même. Le sentiment déterminé par la notation est

qu'il ne faut pas confondre avec

Une même interprétation ne saurait convenir à ces deux versions.

Or le doute n'est pas permis, quant à l'attaque de la seconde version. On commencera bien certainement en poussant afin d'arriver en tirant sur le premier temps de la mesure. C'est une raison déjà pour éviter d'éveiller un sentiment contraire à celui qui est contenu dans la première version.

On remarquera aussi que la noire syncopée se trouvant ici au temps fort, l'accent > n'a plus sa raison d'être, car il se produit naturellement par le caractère de la notation. Pourquoi existe-t-il, dans la première version? c'est que là, la noire syncopée étant sur le temps faible, l'accent est de toute nécessité.

Mais cet accent est-il d'une force telle qu'il ne puisse être rendu que d'une manière, c'est-à-dire en tirant?

Pour arriver en tirant sur la noire syncopée, il faut pousser la première note au début. Laquelle des deux sera plus accentuée? Évidemment la seconde. Ce qui se rapporte à la seconde version et non à la première.

Dans le texte de l'auteur, le trait mélodique est soutenu par le rhythme principal dont les accents ajoutés augmentent encore la force. Mais ces accents sont-ils plus forts les uns que les autres? Oui et non! D'après l'instrumentation du maître, on peut répondre non; car aucun accent ne se trouve renforcé plus d'un côté que de l'autre. Par rapport au sentiment rhythmique, on peut dire oui. En effet, un accent placé sur un temps faible syncopé paraît avec raison être plus marqué, car, indépendamment de sa force relative, il emprunte celle du temps fort avec lequel il forme syncope, comme, par exemple, dans la première mesure d'accompagnement du motif. C'est alors un accent de sentiment, pur et simple, quand par la nature de l'instrumentation aucun élément nouveau, c'est-à-dire aucune percussion nouvelle ne vient s'ajouter à la nuance générale.

Ainsi, deux conditions importantes, pour l'interprétation de ce début, sont à remplir par le mode d'exécution qui doit être adopté : l'attaque du premier temps, l'accent du second.

— La nuance générale est le *fortissimo*. Donc, toute la période doit être dite *très-fort*, constamment; de plus,

— Les accents soulignent les notes qui établissent le rhythme.

Ces accents sont-ils de nature différente? Non, à l'excep-

Après cette audition, Rossini fit « remercier » messieurs les artistes, et, en même temps, il leur signala comme une « grosse faute » le trille majeur à la troisième mesure de la cadence; à dater de cette époque, on ne le fit plus autrement que mineur.

Était-ce sérieux de la part de Rossini? On en peut douter, connaissant les dispositions habituelles de son esprit. Il aurait, dit-on, dès le début de l'ouverture, feint de ne point se reconnaître, et accusé malicieusement l'auteur du ballet de réminiscences rossiniennes.

Mais revenons à la question.

Les parties d'orchestre copiées à l'opéra d'après le manuscrit, celles qui ont été gravées par Troupenas, contiennent, ainsi que la partition, le trille majeur. Ce serait donc par oubli que l'auteur, à en juger par la rectification dont il est question, aurait omis l'indication du mineur à la troisième mesure du trille.

Il est vrai de dire que certains changements ont été apportés à la partition manuscrite, lors des répétitions de l'ouvrage, et que pas un de ces changements ne figure dans la partition gravée. Nous mentionnerons, entre autres, les quatre triples croches, substituées aux triolets en doubles croches des violons, dans le trio du second acte (grande partition, page 409); le mode mineur substitué au mode majeur dans le même

naître, la visite de Rossini, qui avait bien voulu venir à la répétition générale. L'orchestre a salué l'illustre maestro, en lui jouant dans un entr'acte l'ouverture de *Guillaume-Tell*. Les cris de vive Rossini! ont éclaté de toutes parts après l'exécution du chef-d'œuvre, dont l'auteur était si ému, qu'il a chargé M. Alphonse Royer de prendre la parole pour lui et de remercier ses interprètes. Maintenant si le maestro ne vient pas quelque jour entendre son opéra tout entier, qu'en penseront les chanteurs? Serait-ce une épigramme à leur adresse?»

(Paul Smith, *Revue et Gazette musicale*, 17 novembre 1861.)

trio (page 406); l'accord de dominante précédant le mode mineur adopté (4e mesure, page 406), placé premièrement sur le troisième temps, ensuite sur le quatrième, et aujourd'hui supprimé, etc. — Du trille il n'en fut pas mention.

Si le trille majeur a toujours été observé, pendant plus de trente ans, ce que nous affirmons, comment se fait-il que cette « grosse faute » n'ait point été signalée plus tôt? Rossini n'a pas été sans réentendre son ouverture. En tout cas, si le trille mineur est l'idée première de l'auteur, on doit avouer qu'elle a mis le temps à nous parvenir. Mais ne serait-ce pas plutôt, l'hypothèse est admissible, une idée nouvelle, une fantaisie du maître à laquelle on donne aujourd'hui le cachet de la priorité?

L'analyse détaillée de l'introduction va éclairer la question.

Nous signalerons en premier lieu cette extension donnée à la carrure des phrases mélodiques, à l'aide de laquelle l'auteur parvient à un degré si élevé d'expression et de sentiment : les mélodies ont ainsi une forme indécise, un caractère rêveur, qui distinguent cette admirable préface.

Cependant, si, pour un moment, on veut bien nous permettre de laisser de côté, et cela pour nous faire mieux comprendre, tous les intéressants détails qui poétisent la pensée, on pourra examiner l'idée mélodique prise isolément, celle-ci se trouvant alors réduite à sa plus simple expression, et présentée sous une forme précise, selon les lois rigoureuses de la carrure. On appréciera la valeur des divers ornements, la mélodie étant ainsi dépouillée de toutes ses richesses. Cette transformation offre un exemple des plus curieux.

On peut aisément se rendre compte de la fonction de chacune des mesures indiquées en petits caractères. L'idée mélodique est alors comprise en une période composée de deux membres de phrase, contenant chacun quatre mesures. La carrure est parfaite. Mais quelle roideur de forme ! quelle régularité dans les contours ! Le dessin est sec, aride, en un mot, scolastique. Comme, au contraire, la cinquième mesure ajoutée développe d'une manière admirable chaque membre de phrase ! Le sentiment de reprise que fait naître la carrure disparaît par l'allongement de la phrase pour faire place au sentiment naturel d'enchaînement contenu dans les développements qui se succèdent.

La seconde période, réduite, par le même procédé, au nombre de quatre mesures, est séparée, dans l'original, par une progression chromatique de deux mesures en forme d'échos.

A l'aide de ces imitations modulées, la carrure est effacée. Elle est incertaine; et le motif majeur apparaît, rayonnant, sans avoir été prévu par l'auditeur, ce qui augmente encore le charme de la mélodie.

Après les six premières mesures du majeur, l'extension donnée à la phrase par le trémolo prolongé de la timbale, détruit ici le rhythme établi, en retardant l'enchaînement de l'idée mélodique.

Sans cette mesure, les deux membres de phrases se trouveraient liés l'un à l'autre d'une façon directe et régulière ; il est évident que la mesure ajoutée à la carrure a pour but de donner plus d'ampleur à la phrase, interrompre le sentiment rhythmique, et présenter le dialogue qui suit sous une physionomie distincte.

Plus loin, on voit, d'après le procédé que nous avons employé, que la conclusion tonale peut s'effectuer, à la rigueur, par le concours d'une seule mesure de *fa* dièse trillé (la dernière) déterminant l'accord de septième dominante.

etc.

Les trois mesures de la cadence qui précèdent l'accord de dominante forment, en effet, une sorte de prolongation de la note *fa* dièse, note commune aux accords qui s'enchevêtrent, et sur laquelle est placé le trille comme ornement mélodique. Cette succession d'accords variés, ces tonalités indéterminées, ces dispositions enharmoniques si ingénieusement conçues, font de ce passage un trait de génie. Mais, ce que par intuition le génie sait découvrir, la science peut, de son côté, l'expliquer.

Or le *fa* dièse trillé embrassant quatre mesures fait, comme on voit, partie intégrante des accords exprimés pendant toute la durée de la cadence. Ces accords peuvent aisément se définir et se chiffrer. Cependant, on doit remarquer que l'accord de la troisième mesure contient une note enharmonique qu'il ne faut pas confondre avec la note vraie de l'accord. Le chiffrage qui se rapporte aux notes écrites (7_+) ne saurait convenir à l'accord vrai. Le *si* dièse de la mesure précédente ne peut se changer enharmoniquement en *ut* naturel, qu'autant que l'accord de septième dominante a sa résolution normale, c'est-à-dire la tonique (*sol* majeur). Autrement ce n'est point un accord de dominante, puisque la tonalité est indéterminée; l'oreille ne peut concevoir, dans ce cas, le changement enharmonique. A l'audition, et par rapport à l'ordre naturel d'enchaînement, l'accord vrai de cette mesure est celui de *ré*—*la*—*si* ♯—*fa* ♯, accord de sixte augmentée avec quinte juste, renversement altéré de l'accord de septième diminuée *si* ♯ —*ré* ♯ —*fa* ♯—*la*: l'*ut* naturel n'étant proprement dit qu'une substitution, afin de faciliter l'exécution des intervalles de seconde mineure (inférieure et supérieure) *ut*—*si*—*ut*, qu'il faudrait remplacer par les notes *si* ♯ — *la* × —*si* ♯ pour être exact.

Ainsi, le *fa* dièse est compris dans les deux accords ci-dessus désignés; quant au trille, il est majeur dans l'un, mineur dans l'autre. Mais, eu égard à l'accord réel auquel il se rapporte, le trille ne peut être interprété autrement qu'avec le *sol* dièse, puisque cette note est contenue dans la gamme du ton sous-entendu (*ut* dièse mineur), résolution normale de l'accord de septième diminuée. En outre, le *sol* dièse se rencontre également dans la gamme de *mi* majeur, tonalité que fait pressentir la cadence, et que la conclusion détermine effectivement. Les notes du trille (*fa* ♯—*sol* ♯) sont donc contenues toutes deux dans les différentes gammes des diverses tonalités qui se succèdent sans s'établir.

La relation qui existe entre ces diverses tonalités par la persistance des deux notes communes, se trouve par conséquent brisée par l'apparition du *sol* naturel produisant le trille mineur.

Examinons maintenant le changement survenu si inopinément, cette version nouvelle qui semble vouloir détrôner la première.

Nous avons démontré comment l'accord de septième dominante se trouve employé dans la troisième mesure de la cadence. C'est simplement une substitution de note, une facilité d'exécution disposée habilement. Mais, si cette disposition enharmonique eût été de la part de l'auteur la réalisation exacte de l'accord conçu dans sa pensée, c'est alors que, selon nous, cette seconde version ne saurait prétendre à la perfection de conception qui est le cachet habituel du maître.

Le génie, comme on sait, a le privilége de concevoir par intuition toutes choses dans un ordre parfait, aussi bien dans l'ensemble que dans les détails. Les éléments les plus variés viennent concourir à la réalisation de l'idée mélodique, et celle-ci reçoit à son insu les développements qui lui sont naturels. Le génie guidant, l'inspiration fait naître les ressources infinies de la science la plus profonde.

En quoi cette transformation enharmonique peut-elle avoir sa raison d'être? Serait-ce pour motiver la modification du trille, le *sol* naturel, un simple jeu de doigt? Mais, si cette substitution d'accord est exigible par le fait seul d'une interprétation particulière du sentiment de la mélodie, on conviendra du moins que l'apparition soudaine de la dominante du ton de *mi*, rompt trop tôt alors la progression harmonique à laquelle le compositeur semble s'abandonner.

Un exemple analogue, et qui renferme, selon nous, la perfection de conception, est le suivant, tiré du concerto pour violon de Beethoven. Ici le changement de mode indiqué à la cinquième mesure de la cadence a sa raison d'être, par suite de la progression harmonique qui se développe comme une conséquence naturelle de la modification du trille.

Beethoven. Concerto de violon. (Partition, page 32, édition Richault.)

etc.

Tandis que le trille *majeur*, dans *Guillaume-Tell*, loin d'éveiller un sentiment de progression et de tonalités diverses, fait pressentir, pendant toute la durée de la cadence, la conclusion tonale retardée avec un art prodigieux jusqu'à la limite naturelle de la carrure. Ce passage est des plus remarquables et des plus saisissants.

En résumé, telle est notre opinion sur ces deux versions : l'une est le produit de l'imagination, de l'inspiration naturelle, du génie, en un mot; l'autre est le résultat de la fantaisie, de la recherche, d'une retouche que l'on ne saurait admettre, surtout quand cela porte atteinte à une conception si merveilleuse !

Nous ne terminerons pas cette analyse sans parler de la fausse relation contenue dans les deux versions que nous venons de comparer, et qui s'effectue de la troisième à la quatrième mesure de la cadence. Cette fausse relation est due à la disposition des notes de l'accord compris dans la quatrième mesure : disposition conçue par le compositeur en vue d'un effet de sonorité que ne pouvait produire l'enchaînement direct de l'harmonie. L'intention de l'auteur est évidente, au reste, car cette fausse relation disparaît si l'on ajoute mentalement un accord intermédiaire dont l'omission s'explique parfaitement.

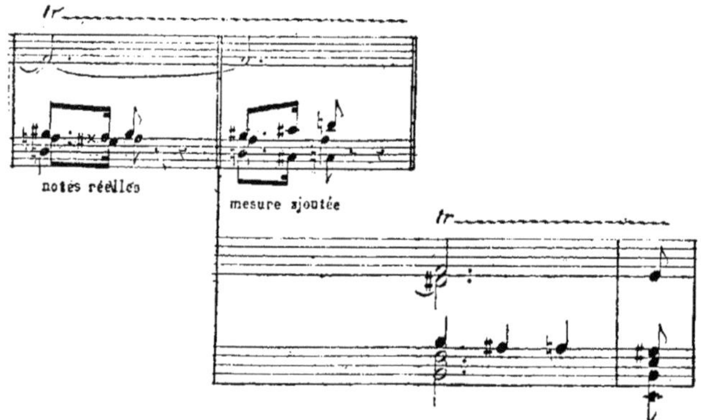

Le sentiment de la tonalité première étant détruit par les accords qui se succèdent sous la prolongation du trille, la carrure, dans ce cas, devait être observée rigoureusement. Cette condition était nécessaire pour obtenir l'effet voulu, par le retard de la conclusion tonale.

Il nous reste encore à signaler un changement plus récent que celui du trille. Nous voulons parler de l'adjonction des contre-basses aux violoncelles dans l'introduction.

Dès la première représentation de *Guillaume-Tell*, l'introduction de l'ouverture a toujours été interprétée par des violoncelles seuls. Rossini l'a fait exécuter ainsi aux répétitions de l'ouvrage. A la Société des concerts, cette tradition a été conservée jusqu'en 1864, époque à laquelle les contre-basses ont été introduites et à l'Opéra et au Conservatoire.

Est-ce là encore une intention nouvelle de l'auteur, ou a-t-on voulu faire prévaloir l'arrangement gravé dans les parties d'orchestre (1)? Pourquoi le maître ne les a-t-il pas ajoutées

(1) En effet, les parties d'orchestre gravées contiennent un arrangement combiné avec des contre-basses et des altos en remplacement du quintette de violoncelles *soli*.

plus tôt, — lors de la modification du trille, par exemple, — si toutefois ce formidable appareil est la vraie base de l'instrumentation conçue dès l'origine, ce que nous avons peine à croire? Et voici pour quelles raisons.

En examinant le mode d'instrumentation de l'introduction, on distingue cinq parties de violoncelles *soli* accompagnées de *basses ripiennes*. Telle est l'indication que porte la grande partition gravée (1). Basses ripiennes, cela veut-il dire violoncelles et contre-basses, ou autrement, basses doublées accompagnant le quintette solo? Cette dernière acception donnerait à sous-entendre du moins des violoncelles sans contre-basses. On conviendra, toutefois, que l'indication du maître est bien vague. Néanmoins, elle ne laisse aucun doute dans notre esprit. L'effet obtenu par les violoncelles seuls est tellement différent de celui que produisent les contre-basses jointes aux violoncelles, qu'on ne saurait se méprendre sur l'intention du compositeur.

La perfection d'instrumentation n'existe, selon nous, qu'avec les violoncelles seuls. Ils caractérisent deux parties distinctes en parfaite pondération. La balance est égale : d'un

(1) Dans la partition d'orchestre copiée à l'Opéra, d'après le manuscrit, on trouve la division suivante :

1er violoncelle solo ——
2e violoncelle solo ——
3e violoncelle solo ——
4e violoncelle solo ——
5e violoncelle solo ——
idem ripieni } ——
——

et dans le *violon conducteur :*

violonc. ripieni } ——
——

ce qui est plus explicite encore.

côté, les cinq violoncelles *soli*, de l'autre, les basses ripiennes, c'est-à-dire les violoncelles d'accompagnement.

Et c'est précisément cette pondération qui est détruite par l'adjonction des contre-basses. Les agrégations d'accords dont la variété résulte de l'ingénieuse disposition des parties, ne se trouvent-elles point renversées par les contre-basses ? Il est évident que l'accord d'*ut*, placé à la onzième mesure doit embrasser, entre les deux notes graves, un intervalle de quinte, et non un intervalle de douzième. Comment expliquer la tenue syncopée de la tonique, à la péroraison, les *mi*, *con arco,* placés au-dessous de la portée? Ne caractérisent-ils point d'une manière précise l'instrument auquel ils ont été bien certainement affectés : le violoncelle ? Autrement ce serait vouloir couvrir et étouffer la mélodie.

Le seul endroit, à vrai dire, où les contre-basses font moins disparate, est celui du *pizzicato*. Mais il est d'un effet tout différent. Les notes graves des contre-basses se trouvant séparées par les contre-temps à l'octave des violoncelles, les temps forts acquièrent de cette façon un poids énorme, et donnent par conséquent une lourdeur extrême à l'accompagnement. Telle n'a pu être l'intention de l'auteur. Tandis qu'interprété par les violoncelles entre eux ce dialogue est d'une légèreté qui explique le *pizzicato*. Les mêmes notes reproduites à l'unisson par un même instrument, de force égale et de même timbre sont d'un effet tout particulier. Le rhythme, bien qu'ordinaire, présente une nouveauté jusqu'ici sans exemple. Le battement de la même note pincée alternativement produit une sorte d'écho dans ce dialogue de pizzicato. Et si le trémolo de la timbale est, suivant l'expression poétique, le signe précurseur de l'orage, les *pizzicati* des violoncelles ne pourraient-ils pas se comparer à ces larges gouttes d'eau tombant des nues, par intervalle, avant de fondre avec l'impétuosité du torrent?

Et, si l'on ne fait entrer la contre-basse qu'à la 17e mesure, comme cela se pratique à l'Opéra, depuis la reprise de l'ouvrage (25 novembre 1867), sur quel signe est alors fondée l'apparition de ce nouvel instrument? La partie inférieure de la partition doit être affectée, dès le début jusqu'à la fin de l'introduction, soit aux violoncelles, soit aux contre-basses; rien n'autorise à l'interpréter tantôt d'une façon tantôt d'une autre.

Ces impressions, nous avons eu le bonheur de les éprouver pendant les trente-cinq années de notre séjour à l'Opéra. Quelles seront les impressions de la génération nouvelle pour toutes ces nouveautés qui aujourd'hui nous surprennent autant qu'elles nous affligent? Nous n'osons le prévoir!

SCHUMANN.

Scherzo de la symphonie en si bémol.

PARTITION ET PARTIES D'ORCHESTRE.

ÉDITION : Breitkopf et Härtel (Leipzig).

En musique comme en littérature, toute composition renferme trois parties distinctes : l'invention, la disposition, l'élocution, qui par leur état de perfection constituent une œuvre d'art, un chef-d'œuvre.

D'après les lois de la grammaire, toute œuvre doit être écrite correctement, et d'une manière précise : ce qui s'entend d'un côté comme de l'autre par *orthographe.*

Mais, si les œuvres littéraires nous sont présentées d'une façon irréprochable, sous ce rapport, les œuvres musicales, bien que reproduites textuellement, laissent beaucoup à désirer. Et cela, parce qu'en musique, on se plaît à confondre la théorie avec la science que l'on considère comme étant un obstacle au génie.

L'orthographe, en musique, consiste à écrire correctement et selon les règles de la grammaire musicale, c'est-à-dire l'harmonie.

Quant à la clarté, la précision, la pureté de forme touchant la notation, cette partie qui se rapporte au solfége peut se comparer justement aux diverses figures ou lettres qui composent les mots et forment les différents genres d'écriture. Mais on comprendra aisément que le système compliqué de la notation offre bien plus de difficultés que le système de chaque genre d'écriture.

Ce côté formant, pour ainsi dire, le point de départ de l'expression écrite de la pensée, n'a pas toujours reçu, de la part des auteurs, une exécution parfaite, soit qu'il ait été négligé ou incompris. Aujourd'hui que son importance est reconnue, il importe d'apprécier, à sa juste valeur, les écarts, les imperfections, les insuffisances même que l'on rencontre, à certaines époques, dans les œuvres des auteurs.

Un point des plus intéressants, en ce qu'il présente deux côtés appréciables : celui de la règle ; celui du sentiment — et ce dernier, comme on sait, joue un rôle important dans la notation — est à signaler dans la symphonie en *si* bémol de Schumann.

Dans le scherzo, le compositeur a employé alternativement les mesures à deux et à trois temps.

Nous exposerons ici, pour donner plus de clarté à notre étude, la charpente sur laquelle le morceau est conçu. Par ce mode d'analyse, il sera facile d'appliquer le principe de notation qui convient aux divers enchaînements des mesures binaires et ternaires qui s'y rencontrent.

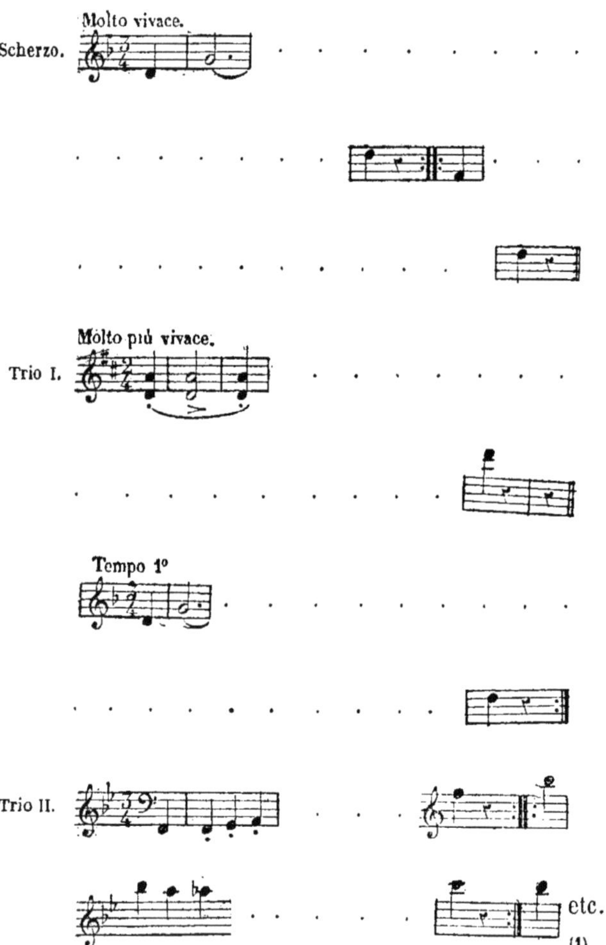

Ce scherzo contient, comme on vient de voir, deux trios conçus, l'un dans le rhythme binaire, l'autre dans le rhythme

(1) Voir la partition.

ternaire. L'enchaînement des diverses mesures employées présente une certaine difficulté d'exécution qui se reproduit naturellement par suite du renvoi des reprises et du *da capo.* La première partie du scherzo se rapportant au menuet est un 3/4, le premier trio, un 2/4, et le second trio, un 3/4.

Le début de chaque motif s'effectue au temps faible ou temps levé, c'est-à-dire au troisième temps, pour la première comme pour la seconde reprise du scherzo : ce qui fait que la dernière mesure de chaque reprise est séparée, après deux temps, par une double barre munie de points ; — le troisième temps du début de la phrase venant s'y ajouter complète chacune de ces mesures coupées.

Il en est de même pour le premier trio. Celui-ci commence en levant, au deuxième temps, à la première comme à la seconde reprise : par conséquent la dernière mesure de chaque reprise est séparée, après un temps, par une double barre munie de points ; — et le second temps du début de la phrase s'y ajoutant complète chacune de ces mesures coupées.

Le second trio ne présente rien de particulier.

Mais, eu égard au sentiment des mesures binaire et ternaire, cette manière d'écrire est-elle régulière, par rapport à l'enchaînement? Ce point mérite attention.

Pour déterminer d'une manière précise l'attaque du scherzo, il faut, nécessairement, compter ou sous-entendre deux temps de silence, afin d'établir dès le début le rhythme ternaire. De même que pour le premier trio, il faut compter ou sous-entendre un temps de silence, afin de caractériser dès le point de départ le rhythme binaire.

Ce qui est obligatoire au début l'est également dans le courant du morceau, lorsque les mêmes attaques se reproduisent par l'enchaînement des reprises et du *da capo* (1).

Ainsi donc, pour passer alternativement d'un rhythme à l'autre, il faut que chaque reprise commençant au temps faible se termine sur le temps fort dont la durée détermine, soit le rhythme ternaire, soit le rhythme binaire, selon que l'enchaînement le commande. En principe, le temps fort de la mesure à trois temps a la durée égale à celle des deux premiers temps réunis; le troisième est faible. Le temps fort de la mesure à deux temps, c'est le premier.

D'après cet exposé, si l'on examine attentivement la charpente que nous avons donnée du morceau, on s'apercevra aisément des irrégularités que présente la notation. On voit, en effet, que la note finale du scherzo doit reposer, la première fois, sur un temps fort de valeur double, par suite du renvoi, et, la seconde fois, sur un temps fort de valeur simple, par suite de l'enchaînement du trio; que le repos final du premier trio doit avoir, la première fois, une durée égale à un temps, par l'effet de la reprise, et, la seconde fois, une durée égale à deux temps, par l'effet du *da capo* au rhythme ternaire.

Il faut donc forcément, d'un côté, retrancher un temps, de l'autre, en ajouter un; c'est ce qui s'exprime ordinairement par une mesure répétée que l'on désigne comme numéro deux.

(1) Voir la 32e mesure du scherzo; les 16e, 32e, 108e du premier trio.

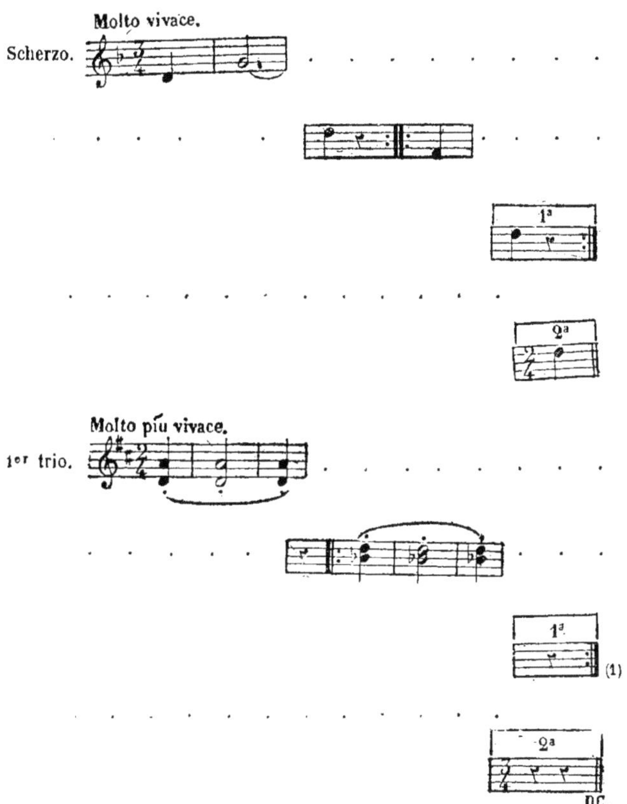

Mais, si l'on ne reconnaît point ce principe, si l'on voit, au contraire, dans la notation adoptée par l'auteur, une opposition manifeste au sentiment d'enchaînement que nous venons de définir, le chef d'orchestre sera contraint d'effectuer rigoureusement le passage d'un rhythme à un autre, selon le nombre de temps exprimé dans chaque mesure finale des différentes phrases. Ce mode d'exécution

(1) Voir les parties d'orchestre.

produira nécessairement un déplacement des chiffres indicatifs.

Cette interprétation sera mieux comprise par un exemple.

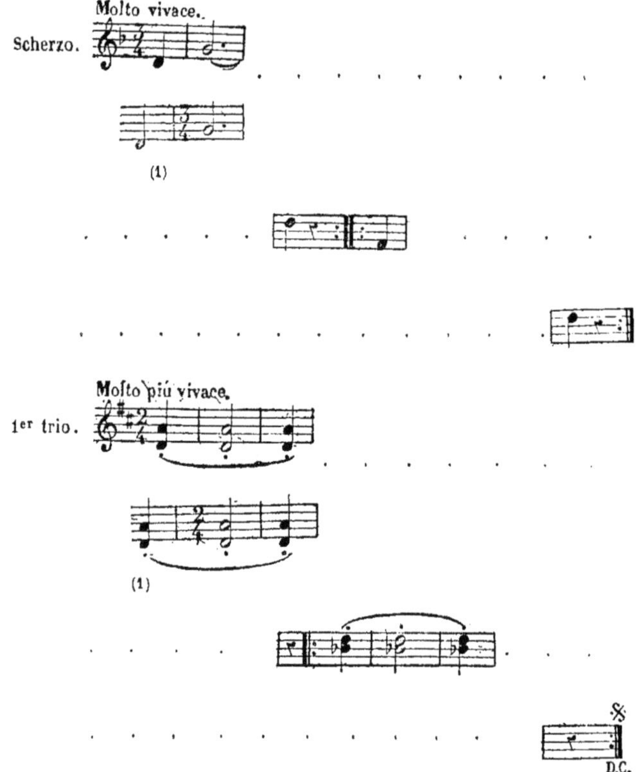

(1) De cette façon, le temps levé n'appartient plus à la phrase mélodique qui suit, ce que démentent formellement et la mesure 32 du scherzo et les mesures 16, 32 et 108 du premier trio, ainsi que la réminiscence de ce dernier à la péroraison, lorsque le 2/4 reparait *come sopra ma un poco più lento.* Ici le temps frappé a sa valeur exacte; il appartient conséquemment à la phrase, la division binaire étant exprimée dès le début.

Il résulte de ces observations que le déplacement des chiffres indicatifs devient une nécessité absolue pour déterminer les périodes des mesures à 3/4 et à 2/4.

Par la comparaison de ces différents modes d'interprétation, on peut facilement apprécier le côté correct d'une de ces deux manières d'écrire.

De l'École classique et de l'École dite de l'avenir.

Les compositeurs allemands de la génération actuelle ont, paraît-il (leurs admirateurs ne sauraient en douter), la prétention de former École. Indépendamment, ces prétendus maîtres de l'avenir ne tendraient à rien moins qu'à détruire l'École classique, parce que les procédés qu'ils emploient ne ressemblent en rien à ceux des maîtres anciens. Toute comparaison serait alors impossible, ce qui n'est pas dépourvu d'une certaine prudence. Mais détruire l'École classique, si l'on y arrivait jamais, ce serait supprimer l'art lui-même.

Avant qu'il en soit ainsi, et comme, heureusement pour nous, il en est temps encore, essayons de faire la comparaison que l'on semble redouter. Cherchons d'abord à définir, d'une manière succincte, l'École classique.

A chaque époque, les maîtres, eux-mêmes, ont pris pour modèle les maîtres leurs prédécesseurs, et ont suivi religieusement les règles fondamentales de l'art qu'ils ont tour à tour, et à juste raison, considérées comme la base de toute création dont les lois sont, à la fois, naturelles et immuables. Ils ont progressé, néanmoins, en parcourant la seule voie qui existe pour arriver à la perfection ; ils ont élargi le cadre des conceptions de l'esprit, en créant des éléments nouveaux qui sont venus s'ajouter aux ressources merveilleuses et fertiles de l'art. Mais ces maîtres, après leurs devanciers, ont toujours respecté les lois établies et reconnues indispensables à toute œuvre réelle ; sans s'écarter des mêmes principes, ils ont dicté de nouvelles lois dont la pratique a démontré, au fur et à mesure, et avec une autorité des plus puissantes, le judicieux emploi. Le langage après s'être épuré a trouvé des formes élégantes et choisies ; les règles de composition, objet de la grammaire et de la rhétorique musicales, sont venues répondre insensiblement aux besoins, aux exigences du style parvenu alors à un état des plus corrects.

Avec ces perfectionnents se sont élevées, agrandies, les trois parties constitutives de toute production (voire même celle du génie), c'est-à-dire l'invention, la disposition, l'élocution.

Comment ces conditions essentielles, sans lesquelles l'art ne saurait exister, sont-elles aujourd'hui considérées par la génération nouvelle ? L'étude des classiques et des modernes, ainsi que l'analyse de leurs œuvres nous donneront les moyens nécessaires pour répondre à cette question.

Nous traiterons de chaque point séparément.

1° *De l'invention.*

Dans tout morceau, ou partie d'une œuvre quelconque, on peut apprécier le degré de valeur donnée à chacune des trois conditions de l'art : l'invention, la disposition, l'élocution.

L'invention, en fait de composition musicale, se manifeste

dans toutes les parties constitutives de l'œuvre, mais plus particulièrement encore, et avec une évidence des plus sensibles, dans la création des idées et surtout des motifs ou thèmes principaux de chaque morceau.

Ne cherchons à établir pour le moment aucune distinction; faisons abstraction du mérite particulier de chaque œuvre; puisons indistinctement, mais en tenant compte du genre, dans les productions des auteurs classiques et des auteurs modernes. Il est aisé d'invoquer en souvenir tels ou tels motifs principaux de morceaux divers dont on a gardé mémoire. Le plus ou moins, et même l'absence de valeur du côté de l'invention sera appréciable d'une façon toute particulière, ce qui nous permettra d'établir une comparaison touchant ce premier point. Nous pouvons citer, par exemple, assuré d'éveiller le même souvenir chez nos lecteurs, le motif ou thème principal de chacun des morceaux suivants :

A.

1° Le premier allegro de la symphonie en *si* bémol d'Haydn ;

1° 

2° Le premier allegro de la symphonie en *sol* mineur, de Mozart;

2° 

3° Le premier allegro de la symphonie en *si* bémol, de Beethoven;

3°

4° Le premier allegro de la symphonie en *la* majeur, de Mendelssohn;

5° Le premier allegro de la symphonie en *ut* majeur, de Schumann.

B.

1° Le deuxième motif de l'allegro de la 50e symphonie d'Haydn;

2° Le deuxième motif de l'allegro de la symphonie en *sol* mineur, de Mozart;

3° Le deuxième motif de l'allegro de la symphonie en *ré* majeur, de Beethoven;

4° Le deuxième motif de l'allegro de la symphonie en *la* mineur, de Mendelssohn;

5° *Absence de deuxième motif* dans l'allegro de la symphonie en *ut* majeur, de Schumann.

C.

Le premier motif ou thème principal des morceaux suivants :

1° L'andante en *sol* majeur de la 49e symphonie d'Haydn ;

2° L'andante en *fa* majeur de la symphonie en *ut*, de Mozart ;

3° L'adagio de la symphonie, en *si* bémol, de Beethoven ;

4° L'adagio de la symphonie, en *la* mineur, de Mendelssohn ;

5° Le larghetto de la symphonie, en *si* bémol, de Schumann.

D.

1° Le premier motif de l'allegro de l'ouverture des *Nozze di Figaro*,
Le premier motif de l'allegro de l'ouverture de la *Flûte enchantée*, Mozart ;

2° Le premier motif de l'allegro de l'ouverture de *Leonore*,
Le premier motif de l'allegro de l'ouverture de *Fidelio*,
Le premier motif de l'allegro de l'ouverture de *Prométhée*, Beethoven ;

3° Le motif principal, dans les ouvertures de Weber ;

4° Le thème de l'allegro de l'ouverture de *Manfred*, de Schumann.

Etc., etc.

Il est évident que la valeur, du côté de l'invention, cette condition première, — don de la nature qu'on nomme génie, — n'est point au même niveau, à considérer isolément chacune des idées prises soit comme thème principal, soit comme deuxième motif des morceaux mentionnés ci-dessus. On reconnaîtra qu'il est juste d'assigner un rang plus ou moins élevé à la valeur intrinsèque de l'invention qui a présidé à l'éclosion de ces différents motifs. Ce sera, quant à ce premier point, établir en même temps une comparaison dont chacun peut être juge.

2° *De la disposition.*

La disposition est la richesse des idées. Les développements, les combinaisons diverses, les épisodes, le travail de la seconde reprise, avant le retour du motif principal (1), en un mot, la conduite du morceau, toutes ces parties d'un tout dont l'intérêt dépend de l'imagination jointe à la science, tels sont les éléments qu'il s'agit de coordonner et qui sont du domaine de la disposition.

La comparaison de morceaux de même nature nous fera apprécier l'intérêt qu'ils renferment ainsi que la différence qu'ils présentent sous le rapport de la facture, c'est-à-dire la disposition.

On peut, par exemple, comparer entre eux les morceaux suivants :

1° Le 1er morceau (en entier) de la symphonie *La Reine,* Haydn ;
2° Le 1er morceau (en entier) de la symphonie en *sol* mineur, Mozart ;
3° Le 1er morceau (en entier) de la symphonie héroïque, Beethoven ;
4° Le 1er morceau (en entier) de la symphonie en *la* maj., Mendelssohn ;
5° Le 1er morceau (en entier) de la symphonie en *ut* majeur, Schumann.

(1) Partie de l'œuvre qui offre tant d'intérêt chez les grands maîtres de l'École classique.

On conçoit combien d'observations il y aurait à faire sur ce point. Cette étude particulière ne peut s'entreprendre autrement que par l'analyse complète des différents morceaux que l'on veut comparer. Nous donnons plus loin, comme modèle, l'analyse du premier morceau de la symphonie en *ut* majeur de Schumann, laissant à choisir, parmi les autres morceaux cités précédemment, l'œuvre avec laquelle on voudra établir la comparaison en ce qui touche le degré de valeur affectée à ce deuxième point : la disposition.

3° *De l'élocution.*

L'élocution, c'est le style; les lois générales, particulières, absolues; les exceptions de la grammaire musicale, c'est-à-dire l'harmonie; le choix des expressions, c'est-à-dire des accords; le contour des phrases, la contexture des périodes, l'émission exacte et correcte de la pensée, c'est-à-dire l'écriture, et mieux encore, la notation, tels sont les éléments de l'élocution.

Par la lecture des auteurs, par l'analyse de leurs œuvres, on distingue les variétés infinies de style, la diversité produite, pour ainsi dire, par la main-d'œuvre de la réalisation de la pensée.

En somme, pour résumer cet aperçu touchant les trois conditions essentielles de toute production de l'esprit, on peut avancer en toute assurance, quant au premier point, que l'invention, quelle qu'en soit la valeur, est de nature et de caractère différents dans chacune des œuvres de chaque auteur et de chaque époque. Quant aux deux autres points, ils diffèrent du premier, en ce qu'ils sont, comme une mine inépuisable, les deux côtés par lesquels tout changement, toute nouveauté, tout progrès peuvent se concevoir sans pour cela détruire et les principes et l'art lui-même. Ces deux points offriront sans cesse à l'imagination des ressources nouvelles, surtout s'ils sont explorés par le génie.

Les auteurs les plus avancés de l'École dite *de l'avenir* ont acquis une telle célébrité, que nous sommes dispensé d'inscrire ici leurs noms. Il serait cependant curieux de trouver le point de départ de cet abandon des principes de l'École classique. D'après un savant biographe (1), l'auteur chez lequel on trouve le germe de ces éléments nouveaux à l'aide desquels toute barrière est aisée à franchir, c'est Mendelssohn. On rencontre effectivement dans l'œuvre de ce maître certaines tendances au romantisme qui ont séduit malheureusement trop d'imitateurs. Ainsi, on n'a pas été sans remarquer chez Mendelssohn certains écarts, sorte de rupture avec les principes sévères et rigoureux de l'École classique, comme, pour ne citer que quelques exemples, la *fantasia* qui trône en reine dans la conception de la forme; l'amplification apportée à l'harmonie naturelle d'où résulte tout un système nouveau d'accords, de dissonances libres dont, hélas, nous voyons aujourd'hui les funestes conséquences.

Puis Schumann est venu exagérer Mendelssohn, et tant d'autres compositeurs.

Or ce genre de progrès ne nous paraît malheureusement que trop à craindre, avec les tendances de certains systèmes!

A l'aide de la division que nous venons d'établir, division qui nous permet d'apprécier tout morceau d'une œuvre quel-

(1) J.-F. Fétis.

conque sous les trois aspects principaux, il nous sera possible de poursuivre la comparaison dont cette étude est l'objet. L'analyse d'une œuvre contemporaine nous servira de développement aux deux derniers points que nous avons envisagés eu égard à l'École classique. Il sera plus aisé de les juger, alors que la comparaison des deux Écoles apparaîtra pour ainsi dire d'elle-même. En effet, chaque différence que nous allons voir se produire désormais sera incontestablement à l'avantage d'une des deux Écoles qui, naturellement, vont se trouver en présence l'une de l'autre.

Analyse du premier morceau de la symphonie en ut *majeur de Schumann.*

Ce morceau se compose d'une introduction (49 mesures), d'une première reprise (56 mesures), et d'une seconde reprise (286 mesures). — Total : 391 mesures.

L'introduction commence par des appels de cors et de trompettes qui reposent uniquement sur les notes de tonique et de dominante prolongées, et dont la durée détermine un rhythme large et parfois incertain. Le quatuor murmure un dessin de valeurs égales qui accompagne et harmonise les notes tenues des instruments à vent.

L'allegro a pour motif principal :

Ce motif poursuit sans relâche le rhythme indiqué partiellement dans l'introduction.

De ce rhythme, exposé avec tant de persistance, il n'en est plus question dans le courant de la première reprise. Un dessin nouveau qui sert de développement amène la modulation à la dominante. Ici, il y a absence de deuxième motif ou d'idée mélodique. Cette lacune, indépendamment du vide qu'elle produit, donne à la modulation un sentiment constant de dominante sans lui permettre de s'établir comme tonique. Il est vrai de dire que le *da capo* s'effectue tout naturellement.

La seconde reprise est formée des développements, plus grands encore, des dessins contenus dans la première reprise; le motif principal, et, comme on voit, unique, n'apparaît avant son retour qu'à de rares intervalles, et toujours par fraction. Enfin il revient dans son entier avant la transposition, dans le ton primitif du morceau, de la première reprise, intégralement; après quoi, vient la péroraison.

Tel est le plan du morceau que nous allons examiner, à chacun des points de vue dont il vient d'être question. Notre appréciation ressortira de la comparaison. De cette manière nous pourrons nous abstenir de formuler notre opinion; on la devinera aisément.

Ainsi, nous placerons à côté de chaque partie de ce morceau la partie qui lui correspond et que nous emprunterons à tel ou tel autre morceau de symphonie d'un maître classique; il sera facile ensuite de les envisager séparément sous leurs différents aspects.

On peut comparer, par exemple, l'introduction de la symphonie en *ut* majeur de Schumann, avec l'introduction de la symphonie en *si* bémol de Beethoven.

Au point de vue de l'invention, il n'est pas douteux qu'il n'y ait une plus grande valeur de conception d'un côté que de l'autre.

Sous le rapport de la disposition, une dissemblance se présente. Ainsi, d'un côté l'introduction est indépendante; aucun lien n'existe avec l'allegro. Tandis que de l'autre côté, les appels de cors et de trompettes se retrouvent à la péroraison du morceau. De plus, le rhythme du motif de l'allegro prend naissance vers le milieu de l'introduction.

La différence que nous rencontrons ici est, incontestablement, à l'avantage d'un des deux côtés. Mais, bien que les causes d'intérêt, en ce qui concerne la disposition, soient en proportion des moyens employés, reste à savoir si la quantité des moyens est une raison suffisante?

Pour apprécier la différence qui existe, voyons si l'auteur a tiré parti des divers éléments qu'il a employés.

La pensée musicale est de trois sortes. Elle est ou mélodique, ou harmonique, ou rhythmique. Ces différentes manières d'être sont parfois réunies.

Pour découvrir les ressources qu'offre une idée quelconque, il convient de l'envisager selon son caractère distinctif.

Or ce qui caractérise les appels de cors, ce n'est évidemment ni la mélodie ni l'harmonie. On est donc surpris, d'une part, de l'abandon de cette idée rhythmique, aussitôt son exposition terminée; d'autre part, du retour de cette même idée, vers le milieu de la péroraison, où elle est étouffée par une instrumentation qui la couvre complétement. Au lieu de gagner comme énergie, comme puissance, elle perd au contraire sa force là où le besoin commande impérieusement. En effet, après avoir été émise premièrement par les cors, trompettes et trombone, dans la nuance *pianissimo*, l'idée délaissée n'a en dernier lieu que les trompettes seules pour interprètes, et cela dans le *fortissimo*. On ne saurait cependant douter de l'intention du compositeur, rien qu'à voir le passage accompagné du mot *marcato*. Il est certain que le mode de réalisation que l'auteur a employé pour rendre sa pensée est impuissant.

Ce sentiment que l'on pourrait appuyer d'exemples remarquables, nous amène à conclure que l'intérêt que l'on est en droit d'exiger, au point de vue du rhythme, fait entièrement défaut, et que l'effet qui devrait ressortir du retour imprévu de ce motif de l'introduction n'est point obtenu. Le caractère solennel du commencement est totalement éclipsé à la fin.

L'allegro, sous le rapport de l'invention, présente : 1° le motif principal, énoncé plus haut (1) ; 2° l'absence d'un deuxième motif (2); 3° des progressions successives dont on appréciera le degré de valeur (3).

Au point de vue de la disposition, une remarque a été faite déjà. Nous appellerons l'attention sur les développements épisodiques (4) et sur la rentrée du motif abandonné dès son exposition (5).

En ce qui concerne l'élocution, nous ferons un relevé des

(1) Comparez ce motif avec celui de la symphonie héroïque, par exemple.
(2) Nulle comparaison à établir, par conséquent.
(3) (Par la comparaison qu'il plaira de faire).
(4) Que l'on pourra comparer avec ceux de la symphonie héroïque, entre autres.
(5) Ici, les points de comparaison sont trop nombreux pour les indiquer.

points discutables. Nous inscrirons les mesures 33, 34, 35 et 36 de l'introduction. A.

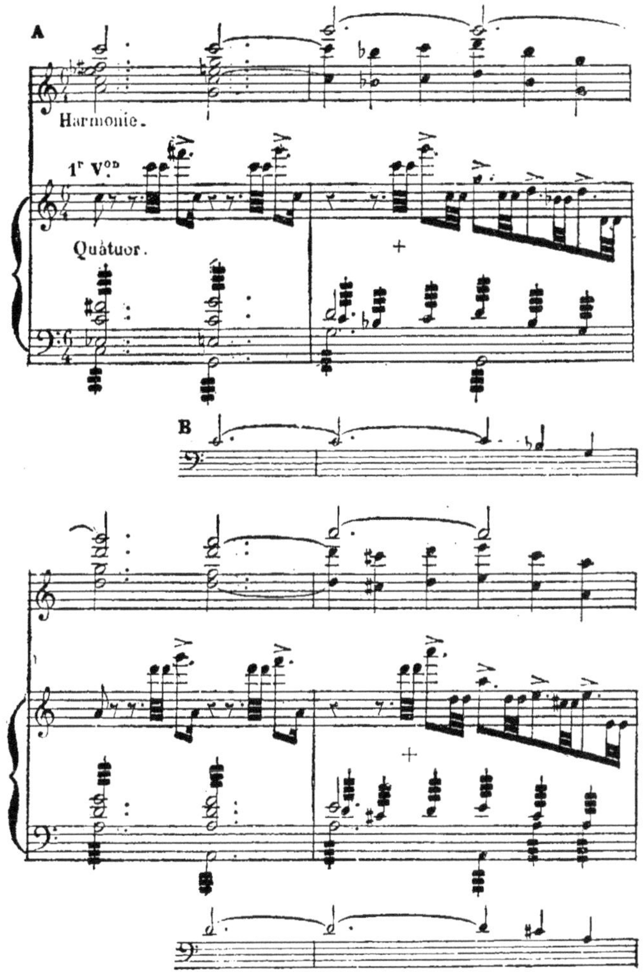

La réalisation, sans être fautive, n'est cependant pas des

plus correctes. La partie de premier violon est écrite, par rapport au dessin des seconds violons, de manière à augmenter encore la difficulté d'exécution pour les mesures 34 et 36. L'attaque (indiquée par une +) forme seconde avec la note du deuxième temps des seconds violons, flûte, hautbois, clarinette et basson, — dissonance qu'il faut accepter forcément comme une anticipation. — Il en résulte, à l'exécution, un manque de précision capable de compromettre l'ensemble. Le trait des premiers violons, pour avoir son aplomb nécessaire, demanderait que la note retardée restât en place. B.

La mesure 50 de l'allegro contient un accord singulier, au premier temps. C.

L'harmonie naturelle que réclame le chant exigerait pour basse la formule employée mesure 46. Cependant la basse de la mesure 50 attaque un *ré* qui descend à l'*ut*, après quoi ce dernier monte immédiatement au *ré*. L'accord est celui de seconde et sixte suivi de l'accord simple de sixte. La dissonance *ré* (non préparée) effectue sa résolution naturelle. Mais ce qui vient troubler cet état de choses, ce sont les deux notes de cors, *ut*, *mi*, superposées, au premier temps de la mesure. C'est à la fois l'emploi de la note retardée, avec celle qui retarde. Dans quelle intention la basse prend-elle ici (mesure 50) le *ré,* si non pour reproduire exactement, quatre mesures plus loin, la phrase des premiers violons? Pourquoi ne pas continuer l'imitation jusqu'à la fin? Le *re* aurait au moins sa raison d'être. Mais la *chimère* n'y trouverait point son compte.

Ces deux exemples sont les plus remarquables que l'on rencontre dans ce morceau. Il reste encore de nombreux détails que l'on pourrait signaler, si ce n'était la difficulté et parfois l'impossibilité de les préciser sans y joindre la notation. C'est particulièrement dans la réalisation harmonique où l'on trouve ces amplifications d'accords (1), ces dissonances fréquentes dégagées de tout principe, que se produit une dissemblance des plus marquées avec la pureté de style et d'élocution des maîtres illustres de l'École classique.

(1) Par exemple, mesure 12, 2e reprise, etc.

FÉTIS.

Nouvelle réfutation de la quarte majeure

Un nouvel exemple de la fausse dénomination de la quarte se trouve dans le récent ouvrage de M. Fétis, en cours de publication et ayant pour titre : « *Histoire générale de la musique.* »

Le nouveau jour sous lequel cet exemple est placé, nous a fait trouver de nouvelles objections que nous n'avions point encore émises. Elles sont, nous le croyons, de nature à compléter l'opposition que nous avons déjà manifestée, quant à la dénomination de *quarte majeure*, dans notre ouvrage intitulé : *Principes de la formation des intervalles et des accords, d'après le système de la tonalité moderne.*

« Voici l'air le plus ancien » dit M. Fétis (1), « de ces nègres (les Achantis), recueilli par M. Bowdich avec les passages harmonisés par eux. »

(1) *Histoire générale de la musique*, tome Ier, p. 31.

Ces « passages harmonisés » se contentent, comme on voit, de modestes intervalles de tierce.

M. Fétis ajoute : « au point de vue du but de la musique, chez les nations civilisées, cet air est sans doute mauvais et fort déplaisant, car *ces suites de notes n'ont aucune signification, et le sentiment de la tonalité y est blessé par les* FAUSSES RELATIONS *de quartes majeures* ».

Ces « suites de notes n'ont aucune signification »! sans doute, à ne les considérer que mélodiquement. Mais examinons si, au point de vue de l'harmonie, en ajoutant une basse, « le sentiment de la tonalité y est blessé par les fausses relations de quartes majeures ».

Et d'abord qu'entend-on par FAUSSES RELATIONS *de quartes majeures?* En admettant cette fausse dénomination, cela signifie en théorie que l'une des deux notes produisant la quarte est employée, soit avant, soit après, à une autre partie dans une nature différente, savoir :

Où ces deux notes ont-elles, dans l'air précédent, un de ces enchaînements fautifs? — La basse que nous y avons ajoutée est composée d'accords simples, tous compris dans la tonalité, et ayant entre eux une liaison tonale.

La fausse relation serait-elle la simple émission de la quarte, ou les deux accords distincts sous-entendus accompagnant les deux notes qui forment l'intervalle de quarte?

Quant à la dénomination elle-même, en admettant que les notes *si*, *fa* (dans l'air ci-dessus), forment une *quarte majeure*, que veulent dire les mots : *relations de quartes majeures?* Cela doit s'entendre certainement de la même manière que pour les relations de tierces et sixtes, intervalles susceptibles de recevoir la qualification de *majeure*. Alors, quels sont les cas où ces intervalles produisent des fausses relations? En voici quelques exemples :

Mélodiquement.

dans le style rigoureux,

Harmoniquement.

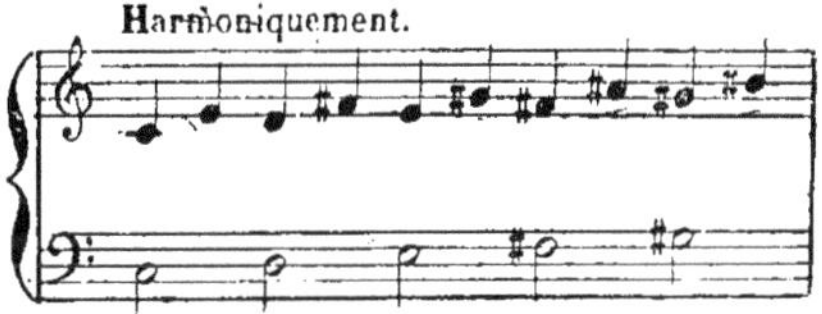

etc., de même en sixtes.

Ainsi, on entend par fausses relations d'intervalles majeurs, ou pour mieux dire par enchaînement défectueux, soit mélodiquement, la succession immédiate de deux tierces ou de deux sixtes majeures; soit harmoniquement, la progression successive de plusieurs tierces ou sixtes majeures à distance d'un ton entier.

Pourquoi ces enchaînements sont-ils défectueux? Parce que chaque intervalle majeur porte en soi un sentiment de tonalité et de mode déterminés, et que l'on ne peut, sans le secours d'un accord intermédiaire, ou d'une cadence, concevoir de successions de tonalités majeures à distance d'un ton. Ce principe reconnu, les *quartes majeures* doivent naturellement être soumises aux mêmes règles de tonalité et d'enchaînement que les tierces et les sixtes, puisque là, où figurent des intervalles de quarte, il est dit que le *sentiment de la tonalité y est blessé par les fausses relations.*

Voyons donc comment le sentiment de la tonalité peut être blessé par les fausses relations de prétendues *quartes majeures!* Ici, comme plus haut, soit premièrement par la mélodie, c'est-à-dire la succession immédiate de deux *quartes majeures* telles que :

soit deuxièmement par l'harmonie, c'est-à-dire la progression successive de plusieurs *quartes majeures*, à distance d'un ton ou d'un demi-ton, comme par exemple :

Eh bien! ces quartes soi-disant *majeures*, ne sont, dans aucun cas de l'air précédent en fausse relation avec la tonalité, — ce qui serait tout à l'opposé pour des tierces et des sixtes majeures présentées dans les mêmes conditions. Les tonalités se succèdent ici sans aucune détermination, et s'enchevêtrent par une progression de cadences évitées. La tonalité n'y est pas *blessée ;* elle y est changée. Donc les quartes ne peuvent recevoir de dénomination caractérisant le mode ; car si elles pouvaient être majeures, pourquoi ne pourraient-elles pas être mineures? Les quartes sont essentiellement du domaine de la tonalité. Elles font pressentir la tonalité, sans donner aucune idée du mode de cette tonalité. Leurs résolutions seules déterminent la nature du mode (1).

(1) Voir, pour plus amples détails, les *Principes de la formation des intervalles et des accords, d'après le système de la tonalité moderne*, par E.-M.-E. Deldevez.

LULLY.

Alceste.

On sait que Lully, « une fois satisfait du poëme, faisait le chant et la basse des scènes dans l'ordre où elles se trouvaient dans la pièce, et remettait ensuite ses brouillons à ses élèves Lalouette et Colasse, pour qu'ils écrivissent les parties d'orchestre sur ses indications : sorte de travail qu'il n'aimait pas et qu'il ne faisait pas avec facilité ».

On sait aussi que « les opéras de Lully, en partitions d'orchestre, ont été imprimés en caractères mobiles; les mêmes partitions réduites pour le chant avec une partie de violon, et l'indication des rentrées d'instruments, plus la basse, ont été gravées ».

La partition d'orchestre d'*Alceste* « 1re édition imprimée, Paris, 1678 », si toutefois (comme le dit M. Fétis) elle a été imprimée, n'existe vraisemblablement plus, car on n'en trouve aujourd'hui que des copies. La partition réduite gravée (Paris, 1708) est la seule qui nous soit parvenue. Elle diffère entièrement de toutes les copies que nous avons consultées. Les partitions réduites, publiées postérieurement et gravées, il est probable, d'après les manuscrits (brouillons) de Lully, seraient donc l'expression vraie de la pensée de l'auteur.

En ce qui touche certains points d'*Alceste*, nous sommes tout disposé à le croire.

On distingue, en effet, dans la partition gravée le sentiment d'une harmonie nouvelle non exprimée, qui n'a pas toujours été réalisée par l'instrumentation. Le génie outrepassait la science.

Cette dissemblance se manifeste surtout dans l'interprétation du mode mineur.

La gamme mineure, d'après le système de la tonalité moderne, est établie, comme chacun sait, de la manière suivante : *la*, *si*, *ut*, *ré*, *mi*, *fa*, *sol* ♯, *la*. Cette disposition présentait alors, comme aujourd'hui encore, des difficultés d'enchaînement harmonique et de succession mélodique. C'est pourquoi on la faisait plus généralement avec le *fa* dièse, soit dans la mélodie, soit dans l'harmonie.

Dans la gavotte et le rondeau d'*Alceste* que nous avons cités dans notre *Trilogie*, le sentiment du mode mineur avec la sixte mineure domine en divers endroits de la partition gravée. Au contraire, la gamme mineure avec la sixte majeure a été la base du système harmonique adopté dans la réalisation des parties d'orchestre. Et ce système est tellement opposé au sentiment de l'idée mélodique, que celle-ci se trouve souvent faussée par une harmonie arriérée, dure, étrange, que l'inhabileté des traducteurs a fait prévaloir.

Il faut reconnaître que ce sentiment moderne était instinctif chez Lully, car, malgré l'apparition de ce genre nouveau, on rencontre parfois le chiffrage d'une harmonie moins avancée, tel que, par exemple, celui qu'on a laissé subsister à la neuvième mesure de ladite gavotte. Il semble que l'habitude ait eu peine à céder.

Ce n'est pas que cette forme de l'époque ancienne ne présente encore, dans la réalisation harmonique, un certain charme, même à cause du sentiment de l'époque qu'elle présente. Mais nous savons aujourd'hui lui donner la réserve et le soin nécessaire qu'elle réclame.

Nous avons donc traité ce morceau de deux manières dans notre *Trilogie :* 1° en réalisant selon le sentiment harmonique moderne, indiqué seulement, mais bien certainement conçu dans la pensée du compositeur (1); 2° en le transcrivant textuellement, d'après la partition gravée, et dans sa simplicité première. Cette version laisse sous-entendre le sentiment de l'harmonie moderne non exprimée (2).

Voici un exemple des deux textes dont nous venons de parler.

(1) *Pièces diverses choisies dans les œuvres des compositeurs célèbres*, etc. (2e suite), par E. Deldevez.

(2) *Fondation de l'opéra en France*, etc. (3e suite), par E. Deldevez.

Partitions d'orchestre copiées.

Réalisation du chiffrage exprimé.

JOSQUIN.

Canon.

« Louis XII, qui aimait beaucoup *une chanson populaire*, demanda un jour à Josquin d'en faire un morceau à plusieurs voix où il pût (le roi) chanter sa partie. La proposition était embarrassante parce que Louis XII n'était pas musicien et n'avait qu'une voix faible et fausse; cependant le compositeur triompha des difficultés en faisant du *thème* un canon à l'unisson pour deux enfants de chœur; à la partie du roi, qu'il appela *vox regis*, il ne mit qu'une seule note qui se répétait pendant tout le morceau, et il garda pour lui la basse. Le roi s'amusait beaucoup de l'adresse de son musicien, qui avait trouvé le moyen de le faire chanter juste. » F.-J. Fétis.

***

« Louis XII, qui ferma le quinzième siècle et commença le seizième tint à se conformer à la mode : il voulut chanter. Il n'avait pas de voix; une seule note sortait de son gosier, note douteuse et rauque; Josquin Desprez utilisa cette seule note, qui avait peut-être des charmes pour ceux qui aimaient le roi, et il écrivit un canon où Louis XII n'avait à faire entendre que le son mis par la nature à la portée de ses moyens. » LUDOVIC CELLER.

⁂

« Le petit air, que Louis XII aimait tant entendre, au point d'y vouloir faire une partie, n'a pas, comme bien l'on pense, une valeur musicale réelle; mais l'idée d'en faire un petit canon, et de le traiter si simplement que le roi pût y faire une partie (lui qui était complétement dépourvu de talent musical) prouve tout au moins que Josquin était un homme d'invention. » J.-N. FORKEL.

Voici ce petit morceau, tel qu'il est indiqué par Glarean.

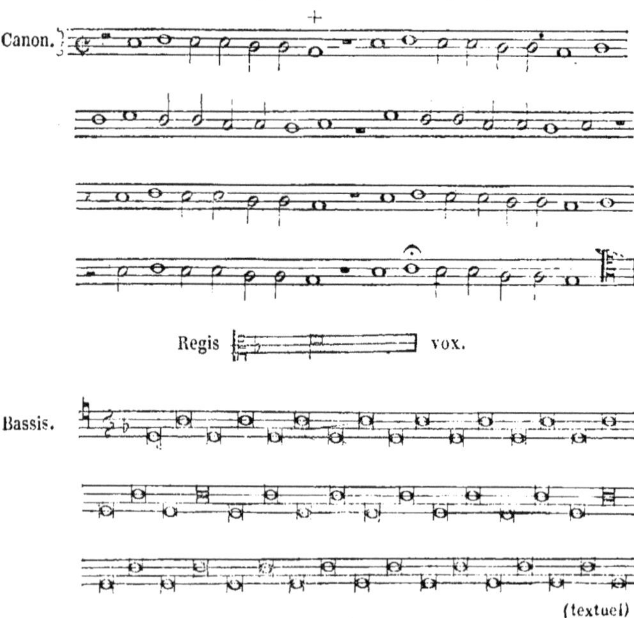

Avant de nous occuper de la réalisation donnée par Forkel, nous chercherons à résoudre, nous aussi, le problème en analysant ce canon.

Nous commencerons par définir la nature de la notation du texte original cité par Glarean.

La partie mélodique du canon est écrite, comme on vient de voir, sur une portée contenant quatre lignes, en tête desquelles, au lieu de clef, sont placées deux lettres : l'une, le *b*, sur la ligne au-dessous de la supérieure, l'autre, le *g*, sur la ligne au-dessus de l'inférieure, c'est-à-dire sur les deux lignes tenant le milieu de la portée; la mesure est indiquée par un *c*, c'est-à-dire un cercle ouvert barré ₵ ; les valeurs exprimées, mais non séparées par des barres de mesures, sont la ronde et la blanche, et les silences représentés sont la pause, la demi-pause et la pause double, se rapportant à la ronde, à la blanche, et à la ronde double ou note carrée.

La mesure étant établie à deux temps, on doit considérer naturellement comme valeur distinctive de chaque temps, soit la pause, soit la ronde, par lesquelles commence le thème, et la pause double comme unité de valeur pour la mesure entière; la blanche et la demi-pause sont une subdivision du temps.

Cette mesure binaire, double, se marque aujourd'hui par 2/1.

La partie destinée à la voix du roi (*regis vox*) est représentée par une seule note, de valeur longue, écrite sur une portée composée de trois lignes seulement; la clef et le bémol placés en tête de la portée lui assignent le nom de *ré*. — En effet, la clef d'*ut* est posée sur la ligne du milieu, et le bémol a été, comme on sait, appliqué premièrement à la note *si*. — Le *ré*, cette note unique, est donc exposé ainsi pour se reproduire tout le temps du canon.

La partie de basse, *réservée à l'auteur*, est notée sur quatre lignes. La clef de *fa* est placée sur la ligne supérieure ; la mesure est exprimée par un signe dont la signification n'est point connue aujourd'hui, et la valeur des deux seules notes exprimées (sorte de sonnerie), reproduites à l'infini et sous la forme de notes carrées, ou brèves, se rapporte parfaitement à celle de l'unité représentée par la note royale, c'est-à-dire la longue. Le rapport des notes, entre les deux parties d'accompagnement, s'établit donc de la manière suivante :

Regis vox.

Bassis etc.

Mais, d'un autre côté, les accords devant se rapporter, suivant l'usage de cette époque, à chacune des notes, ou degrés contenus dans la mélodie, il s'ensuit que, d'après cette condition, la valeur des notes de l'accompagnement est en rapport double avec celle des notes de la mélodie, et que pour trouver le rapport exact des accords, eu égard à l'harmonie de placage, la seule admise alors, il est de toute nécessité de combiner un ensemble dans la disposition suivante :

etc.

Dans ce cas, 2/1 = 4/1, comme on le verra plus loin.

Mais revenons à la partie proprement dite du canon, au thème principal, à cette chanson populaire. Le signe placé au-dessus de la troisième ronde indique, comme d'ordinaire, l'entrée d'une nouvelle partie en imitation avec la première. Rien n'est douteux ni contestable en cet endroit. Mais il faut encore trouver le nom des notes correspondant aux lettres.

Ce genre de notation appartient, comme on sait, au système des muances. Pour déterminer exactement le véritable sens de cette notation, eu égard à la place assignée aux deux demi-tons de l'échelle diatonique, il faut reconnaître d'abord que les lettres *g* et *b* correspondent, *en chantant par bémol*, aux notes *ré* et *fa*, et que par conséquent, en conservant l'ordre diatonique établi dans la GAMME ITALIENNE (1), *par bémol*, on aura pour note intermédiaire le *mi*, et pour note inférieure l'*ut :* soit les quatre lettres F, G, *a*, *b*, représentant, *par bémol*, les notes *ut*, *ré*, *mi*, *fa*, lesquelles se traduisent pour l'oreille par *fa*, *sol*, *la*, *si* ♭. Telles sont les notes réclamées par celles de l'accompagnement. Elles sont d'ailleurs déterminées d'une manière positive par la clef d'*ut* placée à la fin du canon.

(1) Voir la page suivante.

GAMME ITALIENNE.

« A la gauche de chaque degré on voyait une lettre qui indiquait la corde fixe appartenant à ce degré; à la droite, dans les cases, on trouvait les différents noms que cette même note devait porter en montant ou en descendant, par bécarre ou par bémol, selon le progrès ». J.-J. ROUSSEAU.

	Bécarre.	Naturel.	Bémol.
ee	la	mi	
dd	sol	ré	la
cc	fa	ut	sol
bb	mi		
bb			fa
aa	ré	la	mi
g	ut	sol	ré
f		fa	ut
e	la	mi	
d	sol	ré	la
c	fa	ut	sol
b	mi		
b			fa
a	ré	la	mi
G	ut	sol	ré
F		fa	ut
E	la	mi	
D	sol	ré	
C	fa	ut	
	mi		
A	ré		
Γ (1)	ut		

Nous ne pouvons donc envisager la réalisation de Forkel,

(1) Adjonction du gamma grec aux lettres romaines pour la représentation du son le plus grave de l'échelle générale.

comme étant l'expression vraie de la pensée de l'auteur. L'altération du *fa*, la note grave de la mélodie correspondant à la lettre F dans la *gamme italienne*, ne peut s'admettre. Ce *fa* dièse est évidemment une note toute moderne, constituant, aujourd'hui, la tonalité actuelle. C'est la note sensible, laquelle n'était point connue alors. De plus, cette altération donne lieu à deux demi-tons répartis dans une simple étendue de quarte. Cette disposition de la gamme est celle de la tonalité moderne, qui ne peut s'admettre ici, car la note sensible, cette vraie mère de la tonalité moderne, n'avait pas encore vu le jour.

Maintenant ce qui nous frappe étrangement dans la réalisation adoptée jusqu'ici, c'est que ce canon traité à deux voix et à l'unisson pour deux enfants de chœur, est, de fait, réalisable à trois parties également à l'unisson. Il ne s'agit pour cela que de surmonter la première blanche du thème du même signe qui se trouve au-dessus de la troisième ronde, et d'adjoindre un troisième enfant de chœur pour l'exécution, ce qui porte le nombre des parties à cinq. Ce signe pourrait d'ailleurs avoir été conçu, mais omis dès l'origine. Ou ne serait-ce pas plutôt, de notre part, un complément, une partie nouvelle ajoutée à une réalisation ancienne, incomplète? Nous laissons cette question à résoudre.

De toute manière, nous croyons avoir exprimé ici l'expression vraie du texte original de Josquin, dans la réalisation que nous donnons, à notre tour, de ce canon célèbre. Il ne peut donc être cité comme exemple « pour le mode mineur », ni « appartenir à la tonalité moderne » ainsi que l'avancent certains auteurs.

Ce canon est un canon ouvert. Il ne finit pas. Le point

d'orgue placé, dans la partie mélodique, sur la dernière note supérieure avant la fin, est probablement un point d'arrêt marqué pour terminer, du moins à l'exécution, ce canon perpétuel.

Ed. Josquin-Desprez. Réalisation.

LUDOVICI REGIS FRANCIÆ JOCOSA CANTIO 5 VOCUM.

FIN.

TABLE DES MATIÈRES.

PIÈCES DIVERSES.

FIN DE LA TABLE.

www.ingramcontent.com/pod-product-compliance
Ingram Content Group UK Ltd.
Pitfield, Milton Keynes, MK11 3LW, UK
UKHW020544180726
13838UKWH00001B/23